改訂

新たに成長し続ける学校と教育

上寺常和 著

日本教育研究センター

まえがき

　2000年というミレニアムは、20世紀と21世紀両方の雰囲気をもつ20世紀最後の年である。世紀の変わり目の年には多くの変化を凝縮させたものが21世紀を予感させながらすべての人に近づいてくる。そこには、人類にとって善いもの悪いもの何も人類に影響しないものが、漠然と混ざり合って存在し足音もなく近づいてくる。今、人類はそのような不安を予感している。急激な変化に戸惑う多くの人類は、これまで経験したことのないことに遭遇している。なかでも、子どもたちの満たされない欲望とそれに関係するストレスは、多くの子どもたちからかつては豊富に感じられた希望・意欲・生命力を奪っている。このストレスは、身体的な面から派生していることが証明されている。いわゆる自律神経失調症が今日子どもたちを蝕んでいる。この症状は、ある実験的な方法で実証されている。子どもを床に寝かせておいて、上半身を急に起こす。すると血圧が急激に上昇する、2分以内に平常値にもどれば、なにも症状は出ていないといえるが、2分を超えてももとにもどらない、この場合は自律神経失調症と診断される。この症状は、現代の子どもたちに多く見られるものであるという。この症状は子どもたちの耐える力を弱小化しているという。そのため、集団生活にストレスを感じたり、教師のないしは保護者の諸注意に耐えられなかったり、突然キレる状態になったりする。そこから、家庭、学校それに社会において多くの問題を派生させている。家庭の親たちは、しつけをはじめ基本的なものの教育をしないで学校に任せている。学校の教師は、あらゆる子どもの病理は家庭にあると責任を転化する。家庭の教育に何も問題がないといっているのではない。責任を自己反省もなく他者になすり付けている。すなわち、現在これらの教育の場は開かれた社会・学校・家庭には程遠い状態である。それぞれの家庭、それぞれの学校、それぞれの社会が、またそれぞれの教育の場が自己批判、自浄作業の実施と自己改革を実行する必要がある。これらの作業が実施できない場合は、外からの助けをかりてでも改造し続ける必要がある。

　人があらゆる領域で成長を続ける過程を通して多くの無駄(無意味なこと)、人間にとって悪といわれること、いわゆる人間の進歩(積極的な生き方の進む

べき方向性）に対してマイナスの方向のものが生まれる。これらを克服することによって人は前進することができる。その中の一つに学校の病理がある。校内暴力、いじめ、自殺、少子化に逆比例する不登校の増加（すでに10万人をこえる数）、キレる子の出現、学級・学校崩壊、非行など学校の病理が止まることなく現れてくる。決定的な解決策を見いだせないまま時代の流行のごとく消滅するのを指をくわえて待つのみであろうか。

　文部省はじめ多くの教育機関が多くの面にわたる教育改革を試みている、なかでも中曾根文部大臣は教育改革に留まるのではなく、教育革命を宣言し企画・実行している。教育改革は、2002年小学校・中学校、2003年高等学校それぞれにおいて新学習指導要領が完全実施される（一部2000年から前倒として実施される）ことにおいてまずは実現される。「ゆとり」の時間、週五日制、総合的な学習の時間の導入、情報の授業の全面的実施、小学校への英語教育の導入、学区制の緩和、など多面にわたる改革が実施される。しかしながら、教師の意識改革、情報の科目を指導する教師の育成、総合的な学習の時間を指導できるようにするための教師の育成など教員研修などを通して実施されているが、多くの問題を抱えたまま進められている。

　このような教育改革が実施される中で、これまで拙著の『デューイ教育学と民主主義の教育』（1995〔平成7〕年）、と『デューイ教育学と現在・未来の教育』（1996〔平成8〕年、姫路獨協大学出版助成金にて出版）を出版し、その後スティーブン・エリオット・トーザ著の『K.D.ベニィの社会的および教育的思想における権威の概念』（1998〔平成10〕年、この本はトーザの学位論文"The Concept of Authority in Kenneth D.Benne's Social and Educational Thought " 1982.の翻訳）を翻訳出版してきた。そこには多くの問題点も残された。というのは、これらの著書が取り扱う領域の中で十分な資料がないもの、その研究領域においてその後研究が前進したもの、これらの著書では取り扱えなかった領域、新しく出てきた問題点の分析・解明などに関して整理する必要があった。そこで、この著書『新たに成長し続ける学校と教育』の中でこれらのテーマの資料を収集し、それらを整理し、それに続く新たな研究の展開を模索することにする。

そのために、この著書の中で「第1章　教育は今何のために(を考える)――第1節　世界の求める教育目的、第2節　国家の求める教育目的、第3節　社会の求める教育目的、第4節　個人の求める教育目的」に研究の最重点をおくのではなく、自由に展開することを意図して考察してみることにした。「第2章　学校給食の現状とその課題」、この章は『デューイ教育学と現在・未来の教育』の「第4章　現代の教育と未来の教育」の「第4節　給食廃止の問題と教育改革」に深く関連するもので、さらにこの問題について広く考察することを試みている。「第3章　不登校(登校拒否)の問題とその解決」では、すでに10万(1996年)を越えた不登校の子どもたちの現状とその問題を明確にしその解決への足掛かりについて展開した。その後、「第4章　介護体験等の実習」において、実習に対する諸問題の明確化と取り組みと学生の指導などを展開した。「第5章　学級崩壊の現状と担任教師の学級放棄」において、深刻な学校の病理とその解決策の模索について論及した。最後の章で、「第6章　総合的な学習の時間とその課題」について考察した。各章のテーマはそれぞれ関連性が見い出されないように思えるが、これらの章に共通していることは、教育改革・学校改革と深く関わる問題、課題についての考察にある。

　これらの問題・課題の解決は、時間がかかるものの解決できるまた解決しなければならないという決意でもって対処していくことが全国民にとって大切である。教育改革の推進と世界の変化への対応を国民全体で構想する必要がある。

　これまでの3冊の著書にこの本を加えることで、完全とはとうていいえないけれども、一応まとまりのある教育学関係図書を形成することができたのは、日本教育研究センターの村瀬・浜田・西田氏の配慮と努力とアドバイスによるところが多い。こころから感謝している次第である。

　なお、もう1章加えたかったのは、「第？章　新しい教育職員免許法の制定と再課程認定」である。この章において、2000年から入学する学生に適応される新しい教育職員免許法の制定にともなう再課程の意義とその問題と本学の取り組み、さらに大学(当該大学)の申請書について整理したいと考えている。しかし、これについては次の機会に譲ることとした。

目　次

　　前　書　　　　　　　　　　　　　　　　　　　　　　　　　i

第1章　教育は今何のために（を考える）　…………………… 1
　　第1節　世界の求める教育目的　　　　　　　　　　　　　　1
　　第2節　国家の求める教育目的　　　　　　　　　　　　　　4
　　第3節　社会の求める教育目的　　　　　　　　　　　　　　12
　　第4節　個人の求める教育目的　　　　　　　　　　　　　　22

第2章　学校給食の現状とその課題　…………………………… 27
　　第1節　その後の学校給食の問題発生　　　　　　　　　　　27
　　第2節　学校給食の歴史　　　　　　　　　　　　　　　　　34
　　第3節　センター式給食と自校式給食　　　　　　　　　　　36
　　第4節　給食とアレルギー問題　　　　　　　　　　　　　　37
　　第5節　給食のいろいろな試み　　　　　　　　　　　　　　40
　　第6節　学校給食と特別活動（学級活動）　　　　　　　　　41

第3章　不登校（登校拒否）の問題とその解決　……………… 59
　　第1節　登校拒否・不登校の問題　　　　　　　　　　　　　59
　　第2節　「登校拒否（不登校）」の概念の変遷　　　　　　　78
　　第3節　不登校（登校拒否）生徒との関わり　　　　　　　　82
　　第4節　不登校生徒と不登校克服の過程
　　　　　　（ある体験的実例の紹介）　　　　　　　　　　　　85

第4章　介護等の体験 ……………………………………………103
第1節　介護等体験に際しての基本的留意事項　104
第2節　介護等体験の制度の概要　107
第3節　介護等体験のための手続き等　114
第4節　介護等体験の受入調整方法について　116
第5節　本学（姫路獨協大学）の介護等の体験の実施要項の紹介　120

第5章　学級崩壊の現状と担任教師の学級放棄 ……………… 137
第1節　学級崩壊を考える　137
第2節　学級崩壊の現状　140
第3節　担任教師の学級放棄　142
第4節　担任教師の学級放棄と開かれた教室（学校）　148

第6章　総合的な学習の時間とその課題 ……………………… 161
第1節　「総合的な学習」と学校教育の改革　162
第2節　総合的な学習の時間の学習形態　167
第3節　「総合的な学習の時間」に関する調査　170
第4節　横断的・総合的に学ぶ　175
第5節　ある「総合的な学習の時間」の一例紹介　178
第6節　総合的な学習の時間と教師の力量　181

後　書　184
索　引　186
人物索引　192

第1章　教育は今何のために(を考える)

第1節　世界の求める教育目的

　国際化の時代において、教育それ自体急激な変革を世界的レベルで求められている。これまで、各国はそれぞれの教育政策を国家のために展開することによって国益を第一に追求してきた。

　教育と学校の歴史をふりかえると、教育の目的は大きく三つに分類されることになる。

　まず第一は、個人の理性的人格・全人的人格を完成させることにねらいを設定した個人的目的を主張するもの、第二に、国家や社会の発展・向上に関わる人格の完成にねらいを定めた社会的目的を主張するもの、第三に、文化の発展・向上に直接かかわる人格の完成をねらいとする文化的目的を主張するもの、が考えられる。

　第二の教育目的を除いて、教育の目的は世界の求めるものに共通するものがある。ところで、ポール・ラングランは、(生涯)教育の目的として「あるがままの人間」「適応性」「幸福への教育」「生活の質の向上のための教育」それに「平和と国際理解の教育」を考えている。

「あるがままの人間」とは、教育の真の対象として、あらゆる面から、その置かれている多様な状況のもとで、その人のもつ責任の広さなどでとらえた[1]人間を意味する。教育の目的は、身体的、知的、情緒的、性的、社会的、霊的存在としての個人のあらゆる側面、あらゆる次元の要求をみたすことである。これらの構成要素のいずれも隔離されることはできないし、隔離すべきではなく、それぞれ相互に他を支えている。この個人は、独立した個人として、また他者ならびに社会一般との関連において考察されるべき存在である。教育とは、まさしく「全体としての人間を変える」ことをその本質的な目的としており、人間こそが変わるところの主体となるものである。

　「適応性」に関して、とりわけ現代社会の急激な変化への適応性は、ありうる最も幅の広い教育においてのみ、またそれを通してのみ考えることができるのである。重要なことは、必要とされる柔軟性と多面性とを現代の人たちに身につけさせるために、既成の知識に縛られるのではなくて、知的にも、精神的にも、研究や発見に必要な能力を彼らに与えることである。適応性は、科学的な議論や創造性、社会参加などの目的と密接に関連している。

　「幸福への教育」について、存在様式ならびに生活のしかたとしての幸福が与えられる時、教育がそれに関連してくる。ポール・ラングランは、ここでスピノザのことば「喜びとは人間がより小なる完全性からより大なる完全性へ移行することである。悲しみとは人間がより大なる完全性からより小なる完全性へ移行することである。」（畠中尚志訳）、を引用して、このことを説明している。もし喜びということばを幸福ということばで言い換えるなら、幸福は力の行使と意識とに結びついている。力とは真の力を意味する。すなわち、他人を支配するという偽りの、疎外する危険な力ではなく、真にその名に値する力、自制の力のことである。「幸」運が拠り所とする沈着さは活動だけによって獲得される。活動が意味するのは、学習であり、訓練であり、天賦の才と能力の発見と活用とである。これらによって、私たちは他者を理解し、彼らとコミュニケートし、生活、世間、気分と精神の変化などに応えられる。こうして幸福の追求は教育の目的と合流する。そして幸福な生活への道は、教育の過程の異なった段階を通じて辿られる道である[2]。教育の目的は、決然と危険、二者択

一、不確実を受け入れること並びにあらゆるものの破壊者である時間と提携することを個々の人に教えることである[3]。教育の目的は、今日生活の質といわれるものの構成要素に対応するようになる。生活はすべてのものと関わってくるのである。すべてのものは、災いを引き起こす敵意のみちた環境か、あるいは人が援助され励まされ愛されていることを感じる親しみのある環境かのいずれかである。労働条件、交通、住宅事情などは生活の質に関わってくるのである。教育が生活の質に影響を及ぼす諸要因のなかで決定的なことは、重要な役割を担うものであることも事実である。身体的・知的・道徳的・審美的に無知であることが、さまざまな問題を生じる源泉になるのである。この領域で教育の位置がどんなに重要であろうとも、その限界は十分に知っておかなければならない。

次に「平和と国際理解の教育」に関して、もし教育が人びとの間の緊張を緩和することに貢献することができるなら、個々人を平和愛好者とすることは、あらゆる形態の教育の第一義的な目的である、ということができる。

しかしながら、このような主張は戦争の理論と対立する。人びとの間の争いを引き起こし、争いを続行させ、とり鎮める方法は、倫理の全般的な水準に依存するとともに観念や精神的態度によることはきわめて明らかなことである。ここでは、教育は重要な位置を占める。教育の影響は非常に強力であるが、教育は間接的にその影響をおよぼす。

個人に平和の精神を教え込むことは教育のすべての他の究極的な目的、たとえそれが知的、感情的、社会的なものであっても、それらの目的に結びついている。私たちがあらゆる国の人びとを喜び・悲しみ、問題をかかえている多くの自己決定をしている人間としてみることに役立つものすべてのもの、私たちが多様な表現形態のなかに人類に共通するものを識別することができるようにしてくれる全てのもの、これらは、平和愛好の傾向性を喚起することに導くものである。このような思考ができる時、真理と知識への関心は人類の福祉につながる文化の最も明白で真の利害と一致する。

第2節　国家の求める教育目的

　古代ギリシャの哲人プラトン（Platon, 427-347B.C.）は、『国家論』の中で国家と教育について展開している。人間の幸福は個人の人格的完成とか個人的自由のなかにあるのではなく、国家における自己完成と自由のなかにある。真の教育は、人間にとって最も美しいもののなかで一番のものである。国家の目的は、国家の形成者である国民一人ひとりが有徳な生活をおくることにある。国家には、治者・軍人・商工業者の三階級がある。治者の徳は知であり、軍人の徳は勇であり、商工業者の徳は節制、また国家全体の徳は正義である。真の哲学者が支配者となってはじめて、国の不幸も人類の不幸もなくなる、とプラトンは考えたのである。

　近代国家と教育が深く関わりはじめるのは、宗教改革以後であり、ドイツ諸邦は初等教育の立法に積極的な活動をした。なかでも、フリートリッヒ大王治下のプロイセンでは、地方学事通則（General-Land-Schul-Reglement）が制定された。しかしその本格的な発展は19世紀にはいってからである。

　シュタイン（Stein, 1815-1890）は、『行政学』の中で中央集権的な国家機構を中心に教育行政学を展開している。個人と全体との精神的生活における不断の創造的関係の広大な過程が、個々の人間においていかに生き、かつ働くかを了解するのが教育学の課題であり、人間の共同体を民族精神を包容する精神的財の授与と受容の大活動のうちにおいて明らかにするのが行政学の課題である。彼は、この行政学において、外務、軍事、財政、司法とならんで内務行政の領域を認め、これを独自の意味をもつものとして行政の中心においている。彼によれば、内務行政は国家的労作における人格的生活の発展を課題とするものであり、そこに身体的生活、精神的生活、経済的生活、社会的生活という四つの分野があり、精神的生活の行政としての教育行政に、格別に大きな関心が払われている。国家がその機関によって個々人の人格を実現させ、それによって自らの人格を実現することを行政の理念と考えている。彼は、ヘーゲルと同様に国家の倫理的理念を強調している。しかし、シュタインは、国家の自由と人格

性に対して社会の不自由と非人格性を鋭く対立させる。国家の理念と社会の現実との矛盾に対する鋭い自覚が、彼の思想の根底に横たわっている。彼は、『行政学』において陶冶の意義を強調している。その理由は、単に精神的財を獲得して教養を身につけるためばかりでなく、陶冶が物質的財を獲得するために不可欠な条件だからである。陶冶は、個人主義的見地に立てば精神的財の伝達の過程を指すものであるが、社会主義的見地に立てば隷属階級の解放される唯一の道であり、階級上昇の階梯である。ともに市民社会の矛盾に対する自覚と反省から出発しながら、マルクスが社会革命にむかい、シュタインが政策による社会改革の方向に進んだ。

　さらに、近代国家においては、公教育すなわち学校教育が国家によって保障されている。近代国家は、教権から決別することによって人間の主権が反映する合理的な彼岸的な国家になるために、国家それ自体が人間の生の共同目的の実現者であり、それゆえ国家は人間の叡知によって「あらゆる理性価値一般の組織」[4]へと発展させられることになる。近代国家とは、このような人間の意志の集合体であり、人間の意志の最も集約されたものとして成立する。学校教育に対する国家の責任は、国家体制を通しての公教育に対する人間の意志の反映によるものである。それゆえ、近代において国家意志はすなわち人間意志であって、人間の意志を実現するものとして国家は学校教育に積極的に関わっていくのである。科学知が人間の主体知であり、近代の知の体系が一般に無神論的傾向をもつ。近代国家が人間の意志の実現に責任を負うものである限り、公教育は自ずと無神論的性格をもつ。

　近代化を急ぐ日本においても国家が教育に直接関わった。富国強兵・殖産興業のために、明治政府は欧米諸国志向の学校教育を定着させることで日本の近代化を図った。わが国の近代的学校制度は、1872年の「学制」によって始められる。学校設立の主旨はその学生に先立って太政官から布告された『被仰出書』に語られている。それによると、「人々自ラ其身ヲ立テ其産ヲ治メ其業ヲ昌ニシテ以テ其生ヲ遂ルユエンノモノハ他ナシ身ヲ脩メ智ヲ開キ才芸ヲ長スルニヨルナリ而テ其身ヲ脩メ智ヲ開キ才芸ヲ長スルハ学ニアラザレバ能ハズ是レ学校ノ設アルユエン」という。これは、学校教育が立身治産昌業に役立たなくては

ならないことを意味している。すなわち、教育の目的の第一の特徴は、「学問は身を立てるの財本」(立身出世主義)であり、第二の特徴は殖産興業である。

わが国の近代教育は、西洋近代化の過程において発展してきた人間の主体的な合理主義精神を導入しているのである。それは、日本の伝統的な宗教指導者(僧侶や神官)たちが近代教育を実施したり、教師の職につくことを制限・禁止している。1899年8月の文部省訓令第十二号においてすべての「官立公立学級及学科課程ニ関シ」て、「法令ノアル学校ニ於イテハ課程外」であっても「宗教上ノ教育ヲ施シ」たり、「宗教上ノ儀式ヲ許ササルヘシ」と規定し、国家意志の反映である官公立学校から宗教を排除し、教育と宗教を完全に分離した。

学制に続いて、教育令(1879年)、改正教育令(1880年)、文部大臣森有礼の各学校令(1886年)によって近代教育制度が基礎づけられていった。いずれにしても、国民教育の基本は、「国家のため」のものであった。

国家主義的教育の方向をいっそう強固にしたのは、「教育ニ關スル勅語」(1890年)である。教育が、国家主義によって強力に支配され、富国強兵の国是のための「国民形成」、「国民道徳の形成」の道具とされた。教育勅語は、当時の政治、軍事、特定の宗教哲学を超越しており、教育目的の最大公約数を表していたのである。国民の守るべき徳として、親孝行・兄弟愛・夫婦の和合・友情・謙虚・博愛・学問による人格形成・公益のために働くこと・遵法精神・勇気を出して国のために尽くすこと、が謳われた。

この精神は、敗戦まで、国民学校から大学に至るまでのすべての学校機関で引き継がれた、真実は隠され歪められた、子どもの人格は無視され、人間性は奪われた。そのため、比喩的に表現すれば、国民教育は、国民を鋳型にはめて、国家の道具的存在としての国民(公民、皇国民)を大量に作り出す装置であったといえるであろう。そこで行われたのは、人間をそだてる教育ではなくて、政府によって「善導」される教化であった。

大正期には、自由主義と民本主義思想が展開され、新教育運動が起こってきた。その運動の展開の上で、自学主義から自由教育へと移る過程で、教育目的の設定の主体が子どもに移っていった。さらに、大正期のヒューマニズム、児童中心主義を背景に、芸術至上主義に基づいて、鈴木三重吉は、「赤い鳥」を

創刊した。また、生活中心的な立場からの作文教育が発揚してきた。やがてこれは、生活綴方運動へと発展していった。

そのような自由主義的な気風の中で、臨時教育会議（大正6〜8年3月、平田東助総裁）が設定され、教育目的を「忠良なる臣民の育成」として、教育勅語の主旨を徹底する国家主義的教育が進められた。

その後、1923（大正12）年、「國民精神作興ニ關スル詔書」が出され、国民統一と忠孝義勇がさらに強調され、国家主義的思想が鼓吹された。

1941（昭和16）年、国民学校令が出され、国民学校や中学校の教育目標は、ともに皇国民錬成一色となった。

占領軍最高指令部（GHQ）は、1945年の終わりまでに四つの指令を発して、軍国主義や国家主義的傾向の教育を排除し、禁止している。さらに、GHQ は、1946年にジョージ・スタッダードを団長としたアメリカ教育使節団を日本に派遣した。その成果は『アメリカ教育使節団報告書』として提出された。それによると、過去の教育の誤りは、極端に中央集権化された教育制度、教育行政が官僚独善的であったこと、学校がある一部の特権階級にしか開かれていなかったこと、画一的な詰め込み教育を行っていたことにあったことが指摘された。

この報告書のもとに、「教育基本法」（1947年3月31日）が公布され、続いて6・3制、教育委員会制度が実施され、日本の新しい教育施策が漸次、具体化されていった。

「教育基本法」は、新しい教育の基本となる精神を示し、教育の目的と方法を明示している。この前文によると、民主的文化的国家の建設と世界平和への貢献という「日本国憲法」の理想実現は、根本的に教育の力によるべきことが示されている。そして、そのためには個人の尊厳を重んじ、真理と平和を希求する人間育成をめざす教育と普遍的にして個性的な文化創造をめざす教育の普及徹底を謳いあげている。

教育基本法第1条には教育の目的として人格の完成をめざすことがあげられ、そこに多くの内容がつけ加えられ含まれる内容は豊富である。まず、平和的な国家と社会の建設のために、積極的な意志と実行力とをもって活動し、協力する形成者であること、真理を探究することを愛すること、知的発達の自由を保障すること、各自がそのところを得て、権利と義務がとどこおりなく行使

できる状態を愛すること、人びとがそれぞれの精神的肉体的能力を行使して、自己はもとより、他人や社会の維持発展のためにつくす活動をおこし、さらに自己の自由や権利の主張のみでなく、その自由な行動の結果についても、必ず責任を負うこと、自ら進んで積極的に企て行うという自発的態度（主体性）をもつこと、他から指図をまたず、自分のことは自分でするという自律的態度（独立性）をもつこと、などである。そして以上の要件を満たして、心身ともに健康な国民になることがあげられている。

「教育基本法」における「人格の完成」を前提に、「初等」、「中等」、「高等」の心身の発達段階を考慮に入れて、目的・目標が具体的に掲げられているのが、「学校教育法」である。

学校教育法においては、学校段階ごとに目的・目標が定められている。

表1-1

小学校	心身の発達に応じて、初等普通教育を施す（17条）。
中学校	小学校における教育の基礎の上に、心身の発達に応じて、中等普通教育を施す（35条）。
高等学校	中学校における教育の基礎の上に、心身の発達に応じて、高等普通教育及び専門教育を施す（41条）。
特殊教育学校	それぞれ盲者、聾者、又は精神薄弱者、肢体不自由若しくは病弱者に対して、幼稚園、小学校、中学校又は高等学校に準ずる教育を施し、あわせてその欠陥を補うために、必要な知識技術を授ける（71条）。
大学	学術の中核として、広く知識を授けるとともに、深く専門の学芸を教授研究し、知的、道徳的及び応用能力を展開させることを目的とする（52条）。
大学院	学術の理論及び応用を教授研究し、その深奥をきわめて、文化の進展に寄与することを目的とする（65条）。
短期大学	深く専門の学芸を教授研究し、職業又は実際生活に必要な能力を育成することをおもな目的とすることができる（69条）。

高等専門学校	深く専門の学芸を教授し、職業に必要な能力を育成することを目的とする (70条の2)。
幼稚園	幼児を保育し、適当な環境を与えて、その心身の発達を助長することを目的とする (77条)。

　小学校の教育目的に関して、「普通教育」は一つには人間としての全的発達をめざす教育を意味する。もう一つは、すべての子どもが平等かつ共通に受ける教育のことで、これらによって社会・文化の水準を高め、社会連帯を強めるものである。ここにいう普通教育は、両者を意味し、小学校は、この普通教育を心身の発達に応じて、その初歩から施すことを目的とする。しかも、小学校は、普通教育を施す最初の段階である。それに加えて、小学校はあとに続く学校教育の基盤である。

　中学校の教育目的達成のために、まず、小学校教育は、中学校教育の準備教育でないこと、次に中学校教育は、義務教育の最後の段階であることに注意が向けられなければならない。義務教育の最終段階が意味していることは、生徒に進路について自覚をもたせ、社会人になって自立的に社会生活を営むことのできる人間を育成することをめざしている。

　高等学校は、普通教育を施す最終段階である。生徒たちに自分の能力や適性を自覚させ、社会生活に適応することができることをめざさせ、普通教育の仕上げをさせることが指導上必要である。また生徒は学校において専門知識を受けることになる。

　1951年には、政府は第1次追放解除を行い、追放されていた政財界の人たち3000人近くが解除されている。同年11月天野文部大臣の「国民実践要領」の大綱が出された。彼は、教育基本法だけでは教育において欠けているところがある、国民道徳の規範になるようなものを作らなければと考えた。「現代は個人と世界とを重視するあまり、ややもすれば国家存在理由が薄くなる傾向を免れないのはいずれも中正な思想とは考えられない」「国家はわれわれの存在の母胎であり、倫理的、文化的な生活共同体」であり、「国家生活は個人が国家のためにつくすところに成り立つ」という理由で、1953年3月「国民実践要領」

が公刊された。ここでは、国家の復権がはっきりと述べられている。国家は「倫理的・文化的な生活共同体」であった。当時の首相吉田茂は、国会で「終戦後の教育改革については……わが国情に照らして再検討を加へるとともに、国民自立の基礎である愛国心の涵養と道義の昂揚をはかる」必要があると主張している。

1954年「教育の中立性に関する二法律」が成立して、教師の政治的活動の制約・教育実践の自由の抑制が実施されることになった。この法律により、国家と教育の関係が大きく転換されることになった。すなわち、教育の中立性が、国家によって裁定されることになった。

さらに、1955年には清瀬一郎文部大臣によって教育三法 ——「地方教育行政の管理ならびに運営に関する法律」「教科書法」それに「教育審議会の制度に関する法律」が提案される。そのうち「地方教育行政の管理ならびに運営に関する法律」のみが翌年に国会を通過した。これによって、教育委員会が公選制から任命制に代わり、民衆の意思が直接教育に反映する行政のあり方が否定された。同時に、この法律に基づいて教師の勤務評定が始まった。さらに、ここで廃案になった「教科書法」は、具体的な行政措置を通して実際には生きていくことになる。

1956年には教育委員会法が成立して、1958年学習指導要領の改訂により教育内容に関して大きな変化が起こった。指導要領が、法的な拘束力をもつことになった。また、この改訂の大きな問題は「道徳」が特設されたことである。同時に、その改訂のなかで初めて「日の丸」「君が代」問題がでてくるのである。「日の丸」を掲げて「君が代」を歌うことが望ましいという形で指導要領に国旗・国家問題がでてくるのである。

この時に、教科書検定制度も大きく代わるのである。1956年教科書検定機構が大きく変わり、常勤の教科書調査官（20名、後40名）が文部省に置かれ、検定調査審議会委員が54名から80名に増員される。1958年の教科書検定制度の変化によって、教科書は指導要領に従って書かなければならないことになる。それまでの絶対基準「教育基本法および学校教育法の目的と一致し、それに反するものはないか。たとえば平和の精神、真理と正義の尊重、個人の価値の尊重、

勤労と責任の重視、自主的精神の養成などの教育目的に一致し、これらに反するものはないか」が、「たとえば……」以下削除へと形を変えていった。

1955年を軸に「国家の復権」という政策の変化が実施され、高度経済成長を機軸とする国家の政策がつくられていく。

やがて、「期待される人間像」(審議し、草案をまとめる中心的人物は、高坂正顕であった)が1966年採択された。これは、教育基本法の「補完」と見なされることになった。これによると、国民としての資質の中心には、「象徴に敬愛の念をもつこと」が据えられ、「天皇への敬愛の念をつきつめていけば、それは日本国への敬愛に通ずる。けだし日本国の象徴たる天皇を敬愛することは、その実体たる日本国を敬愛に通ずるからである」。あるいは、新しい経済の発展に応ずる形で、「その分に応じて」「仕事に打ち込む人間像」というものが強調されている。

60年代の終わりから70年代の初めの中央教育審議会を中心とした改革構想は、森戸辰男によると「第三の教育改革」と呼ばれる。この時代、経済界が教育にさまざまな要求を直接・間接に出すようになって、それによって教育が大きく影響を受ける。いわゆる競争主義、能力主義的な教育の再編と言われる問題が同時に進行してきた。

国家の復権のもう一つの大きな現れが教育内容の統制である。教科書検定体制が強化された。もう一つは、教科書採択の統制という問題がある。この問題でも60年代の初めの動きが非常に重要である。1962年に教科書無償法がつくられ、1963年に「義務教育諸学校の教科用図書の無償措置に関する法律」が出され、翌年同法の施行令が出された。無償措置法以前の採択権は学校にあった。「国家の復権」以前は、職員会議は意思決定権をもっていると考えられて、教師が自分たちで方針を決めることができた。指導要領改訂、勤務評定、さらに無償措置法に関わって、それ以前(60年代以前)は職員会議がもっていた権限がまず校長に集中し、教育委員会さらに文部省へという構図ができてきた。

第3節　社会の求める教育目的

1　生涯学習社会の必要性

　現代の社会は、高度情報化社会・多文化社会・国際化社会・生涯学習社会・超高齢化社会といわれている。

　その中で高度情報化の意味するところは、次のことである。

　マス・メディアの発達やコンピュータの普及、ファクシミリ、パソコン通信、衛星通信などの新しい情報通信ネットの発達など、情報化の進展は著しく、人びとは、多様なメディアや情報に主体的に対応し活用する能力を求められている。

　特に、コンピュータの発達にともなう高度情報化社会は、教育改革の要因にもなっている。高度情報化社会を支えるニューメディアは、システム化・個性化・多様化という特徴をもつといわれるけれども、ニューメディアが人間社会に対して一体どのような影響を与えるのであろうか。

　まずいわれるのが、①　メディア・ジャングルの中に閉鎖された孤立化された「新人類」を生むことになる――「機械に強く人間に弱い」というパーソナリティを大量に生産する。

　②　巨大な情報の量と質の圧力に直接対決することにあたって、その意味や価値や信頼性を自らの知見や良識によって判断し識別し選択しなければならない――幅の広い多様な個人差を生じる。

　③　高度情報化社会における「新しい生活処理能力」の習得。

　などが考えられる。

　これらの特徴は、「心豊かな人間の形成」、「自己教育力」、「基礎・基本の重視と個性教育の推進」、「文化と伝統の尊重と国際理解の推進」（1989年度改訂学習指導要領の指針）と深く関連している。

　「社会の変化に主体的に対応する観点から、自己教育力の育成を重視する必要がある。このため、思考力、判断力、表現力などの能力の育成を教育の基本に据えその指導の充実を図るとともに、創造力、直観力を重視する必要がある。

　また、生涯学習の基礎を培う観点から、体験的な学習や問題解決学習を重視

第1章　教育は今何のために　　13

し、学ぶことの楽しさや成就感を体得させ、自ら学ぶ意欲を育てるとともに、何をどのように学ぶかという主体的な学習の仕方を身につけさせることが大切である。

　さらに、情報化の進展に対応して情報の理解、選択、処理、創造などの能力の育成を重視するとともに、コンピュータなどの情報手段を適切に活用する能力の育成を図ることが重要である。このため、児童生徒の発達段階や教科等の特質に応じ、これらの能力の育成に留意するとともに、コンピュータ等の整備やその適切な活用の推進を図る必要がある」[5]。

　生涯学習社会を探究する中に多元文化社会、国際理解社会、高齢化社会との深い関わりを発見することになる。その最適なものの１つに1992（平成４）年７月29日の「生涯学習審議会答申」の中の「今後の社会の動向に対応した生涯学習の振興方策について（抄）」がある。そこで、この答申を抜粋することで、これらの社会の特徴を把握することができる。

　今日、人生80年時代を迎え、また社会が複雑化・成熟化したことにより、人びとは社会生活を送っていく上で、学校教育修了後も引き続き、絶えず新たな知識・技術を修得していく必要性を強く感じており、豊かで充実した人生を送るためには、生涯学習に取り組むことが不可欠となってきている。また、人びとは学習することで新しい可能性を見つけ、新たな自己を発見する喜びを体験することで、自らを豊かにすることができるのである。

　今日のわが国の社会において、生涯学習の必要性が高まってきた社会的背景には次の諸点が考えられる。
（科学技術の高度化）
　目覚ましい科学技術の高度化は、人びとの生活環境を大きく変化させており、絶えず新たな知識・技術への対応が必要となってきている。
（国際化）
　国際化の急速な進展により、わが国が国際社会の一員として積極的な役割を果たすとともに、国際社会に貢献していくことが求められている。そのためにも、異文化を理解・尊重するとともに、わが国の文化に正しい認識を持つこと

が必要となっている。また、国際情勢は常に変化しており、これに適切に対応することが求められている。

(高齢化)

わが国の高齢化は急速に進んでおり、このことは、年齢を問わず、すべての人にかかわることがらであることから、生涯にわたってこの問題への理解と心構えを持つことが必要となってきている。

(価値観の変化と多様化)

生活水準の上昇、自由時間の増大、教育水準の向上などを背景として、物の豊かさがもとめられるとともに、価値観が多様化し、生涯を通じての生きがいや自己実現など、人間性豊かな生活を求める意識が高まってきている。

(男女共同参画型社会の形成)

女性の社会進出が進む中で、男女の固定的な役割分担意識を改め、社会のあらゆる分野に女性が参画できるよう、条件整備を図っていくことが求められている。

(家庭・地域の変化)

都市化、核家族化、少子化等に伴う家庭や地域社会の変化の中で、人間形成の基礎を培い生活を支えている家庭や地域社会の基盤の弱体化が危惧されており、その機能を回復し充実させていくことが必要となってきている。

3　豊かな生涯学習社会建設のために（注　ナンバーは答申のものをそのまま使用）

人びとが生涯のいつでも、自由に学習機会を選択して学ぶことができ、その成果が社会において適切に評価されるような生涯学習社会を築いていくべきであるとするなら、今後、適切な学習機会の拡大や、学習情報提供サービスの充実を図るなど、学校教育も含めた社会のさまざまな教育・学習システムを総合的にとらえ、それらの連携を強化し、人びとの学習における選択の自由をより拡大し、学習活動を支援していくことが重要である。

人びとの生涯学習をより充実したものにし、一人一人の生涯学習への熱意を高め、生涯学習社会を築くために次の視点が必要である。

(1)　人びとが生涯にわたって学習に取り組むというライフスタイルを確立することが重要である。

わが国が21世紀において、引き続き国際社会に貢献していくためには、経済的な発展を追求するだけでなく、教育、学術、文化、スポーツ、福祉、地球環境、経済などの諸分野での、国際的な協力・援助への積極的な姿勢が必要である。一方で、資源の乏しいわが国が、引き続き社会の活力を維持していくためには、次の世代においても、人びとが常に自己の充実や生きがいを目指し、自発的意思に基づき、生涯にわたって学習に取り組むというライフスタイルを確立していくことが望ましい。

生涯学習については、単に、社会の変化に対応して知識・技術を身につけていく必要があるという観点だけでなく、人間が人間として生きていくために生涯学習が必要であるということにも留意すべきである。すなわち、人びとは、学習することで新しい自己を発見し、喜びを感じるのであり、学ぶことそれ自体が生きがいともなり得るのである。人は存在するために学習する必要があるとも言えよう。

また、人びとは、生涯学習において、仲間とお互いに教え合い、励まし合って、学ぶ楽しさや喜びを周囲の人びとに広げていくこともできる。生涯学習を、学ぶ人自身の個人としての生きがいとするだけでなく、家庭や職場や地域において、人びとが共に学び、協力し、励まし合って生涯学習に取り組んでいくことで、家庭や職場や地域が活き活きと活気にあふれ、充実し、発展していくことが期待される。

(2) 人々のさまざまな潜在的学習需要を顕在化し、具体的な学習行動にまで高める必要がある。

社会の著しい変化に伴い、人々は生涯の各時期、各領域における学習の必要性を感じており、学習したいとの意欲は高まってきつつある。しかしながら、その意欲はあるものの、具体的な学習活動に結びついてない場合も多い。

その理由として、①時間的余裕がない、②希望する分野の学習機会がない、③学習機会が身近にない、④経済的な負担が大きい、⑤適切な学習情報がない、⑥具体的なきっかけや仲間が見つからない、⑦専門的なレベルの学習機会がない、⑧家庭や職場の協力が得られない、⑨学習の成果を生かす機会がない、⑩子どもや家族の世話をする人がいない、⑪ついつい怠惰になってしまうなど

が挙げられるであろう。

　学習意欲を生かすためには、このように、さまざまな理由から具体的な学習活動に結びついていない潜在的な学習需要を顕在化させ、学習行動にまで高めるための啓発活動に努め、学習相談に応じられる体制作りや、学習の成果が評価されるようような条件作りに努めることも重要である。

　さらに、心身に障害のある人や病気がちな人などが、生涯学習に参加しやすくなるような配慮が必要である。

　人々の意欲を具体的な学習行動にまでたかめるためには、学習機会を提供する側が、学習者の視点に立って、学習内容、学習方法に常に改善・工夫を加え、人々のさまざまな学習要求に適切にこたえる努力をしていくことも必要である。

　(3)　学校その他の教育機関等と密接な連携を図り、専門的な学習需要にこたえる必要がある。

　生涯学習の振興を図るためには、生涯学習の広がりを一層大きくし、いつでも、どこでも、誰でも学習することができるよう、学習者や学習分野の範囲を広げていくことが重要である。また、広がりを求めるだけでなく、内容についても、より高度で専門的な学習ニーズにこたえ、高さや深さを更に追求していく努力も必要である。

　このような観点に立てば、学習機会を提供する側の国、地方公共団体、社会教育施設、スポーツ・文化施設、職業能力開発施設、社会福祉施設等や民間事業者などが、より一層、学校などの教育機関やその他の研修・研究機関等と密接な連携を図っていくことが必要になってくる。特に今後は、大学や大学院レベルの学習機会の提供が従来よりも求められ、高等教育機関の教育・研究機能を一層高め、生涯学習の振興に資するための努力をしていくことが重要になってくると考えられる。また、各省庁、地方公共団体、特殊法人、公益法人、企業等の教育研修機関や研究機関の蓄積する専門的な情報や知識・技術を、生涯学習のために活用することも重要であり、これらの関連施設や研究施設等を、新しい生涯学習の場として捉えることも必要となってくるであろう。人びとが本当に望んでいる、専門的な分野やレベルの学習機会に、比較的容易にアクセスできるような条件整備が必要となっている。リカレント教育などの充実を

図っていく必要性はここにある。

　また、学習機会を提供する側の、小学校、中学校、高等学校などの初等中等教育機関や、大学、短期大学、高等専門学校、専修学校専門課程(以下「専門学校」という。)などの高等教育機関、社会教育施設、行政、民間事業者などが、それぞれの「垣根」を越えて、真に学習者のためにそれぞれの情報を提供し合い、連携と協力を深め、多様で質の高い学習機会の提供とその情報のネットワークを造っていく必要がある。

(4)　学習の成果を職場、地域や社会において生かすことのできる機会や場を確保する必要がある。

第2部　当面重点を置いて取り組むべき四つの課題について(注　答申の部・章のまま使用)

第1章　社会人を対象としたリカレント教育の推進について(注　答申の章建てのまま使用)

　1　生涯学習とリカレント教育

(1)　リカレント教育の考え方

①　生涯学習とリカレント教育

　リカレント教育は、昭和48年のOECD報告書「リカレント教育——生涯学習のための戦略——」で広く提唱されたもので、青少年期という人生の初期に集中していた教育を、個人の全生涯にわたって、労働、余暇などの他の諸活動と交互に行う形で分散させるものであり、いわゆる正規の教育制度とあらゆる種類の成人教育施策を統合する教育システムの確立を目指す理念であるとされている。

　(中略)

　リカレント教育の「教育」という用語は、学習機会を提供する側の立場に立ったものであるが、リカレント教育で学習することは生涯学習の一環である。リカレント教育における学習は、生涯学習の重要な一部をなすものである。なお、リカレント教育においては、職業や社会生活に必要な知識・技術を習得するため、大学(大学院を含む。以下同じ)、短期大学、専門学校などを中心に行われる、専門的・体系的な職業人を主な対象とした教育が大きなウェイトを

占めており、リカレント教育の推進を図る場合においては、この点に十分留意する必要がある。

② リカレント教育の機能

リカレント教育の機能は、その教育内容や対象等により、大きく次の三つに類型化することができよう。第1は、社会の変化に対応する、専門的で高度な知識・技術のキャッチアップやリフレッシュのための教育機能、第2は、既に一度学校や社会で学んだ専門分野以外の幅広い知識・技術や、新たに必要となった知識・技術を身に付けるための教育機能、第3は、現在の職業や過去の学習歴・学習分野に直接のかかわりのない分野の教養を身に付け、人間性を豊かにするための教育機能である。これらの教育機能には重なり合う面もあるが、この三つの機能があることを踏まえつつ、リカレント教育の現状の把握・課題や推進方策の検討を進めることが有意義と考えられる。

(2) リカレント教育の意義

① 社会人から見たリカレント教育の意義

近年の社会の著しい変化の中で、職業生活や社会生活を通じて生ずる人びとの多様な学習ニーズに対応する、体系的・継続的なリカレント教育の学習機会への要請が高まっている。特に、男女共同参画型社会の形成を目指すことや高齢化社会の進展に伴う、女性や中高年齢の再就職や社会参加という観点からのリカレント教育の重要性は、いっそう増大していくものと考えられる。また、日本が国際社会に貢献することが従来に増して求められており、国際化への対応という観点からも、リカレント教育の意義は大きい。

リカレント教育による学習活動や経験を通じて、職業生活や社会生活への刺激や動機付けが得られるということや、自己の生活を充実し、人間性を豊かなものとしていくということからも、社会人のリカレント教育に対する期待と要請は、今後も高まっていくものと考えられる。

また、地域において、このような社会人のためのリカレント教育の学習機会が整備され、人びとが積極的にこれに参加していくことは、地域社会の活性化にもつながると考えられる。

② 企業等から見たリカレント教育の意義（略）

③　学校の教育研究機能とリカレント教育（略）
2　リカレント教育の現状と課題（略）

第2章　ボランティア活動の支援・推進について
1　生涯学習とボランティア活動
(1)　生涯学習とボランティア活動

　生涯学習は、人びとが、自発的意思に基づいて生涯にわたって行うことを基本とするもので、意図的・組織的な学習活動として行われるだけでなく、人びとの様々な活動の中でも行われるものであり、幅広い範囲にわたっている。
　ボランティア活動は、個人の自由意思に基づき、その技能や時間等を進んで提供し、社会に貢献することであり、ボランティア活動の基本的理念は、自発（自由意思）性、無償（無給）性、公共（公益）性、先駆（開発、発展）性にあるとする考え方が一般的である。
　このような生涯学習とボランティア活動との関連は、次の三つの視点からとらえることができる。第1は、ボランティア活動そのものが自己開発、自己実現につながる生涯学習となるという視点、第2は、ボランティア活動を行うために必要な知識・技術を習得するための学習として生涯学習があり、学習の成果を生かし、深める実践としてボランティア活動があるという視点、第3は、人びとの生涯学習を支援するボランティア活動によって、生涯学習の振興がいっそう図られるという視点である。これら三つの視点は、実際の諸活動の上で相互に関連するものである。
　（中略）
(2)　ボランティア活動の意義

　ボランティア活動の領域は、幅広く日常の生活のあらゆる側面に及んでおり、例えば、地域の持つ教育機能を高めることや、高齢化社会への対応、豊かで潤いのある地域社会の形成に欠かせないものである。そのためには、子どもから高齢者まですべての人びとが、それぞれの立場や能力に応じて、ボランティア活動に参加することが重要である。特に、青少年期においては、身近な社会に積極的にかかわる態度を培い、自らの役割を見い出す上で、そ

これまでの我が国のボランティア活動は、個人の自主性を重んじる欧米と異なり、地域社会との密接性と、ある程度の強制や義務感がなければ進まないという傾向が見られた。歴史的には、近隣の人同士が世話をし合うといった地縁的活動があり、さらに、民間団体の社会福祉運動、奉仕運動、社会教育活動などが行われてきた。昭和40年前後から「ボランティア」という言葉が普及し始め、ボランティアによる活動を支援するための組織作りが民間で始められた。昭和46年の社会教育審議会答申「急激な社会構造の変化に対処する社会教育のあり方について」において、地域における連帯意識の形成との関連でボランティア活動が注目され、その後、生きがいや充実感という視点から、生涯学習の基盤整備の視点から、中教審の平成2年の答申においても、その重要性が指摘されている。

　(3)　ボランティアの活動分野（略）
　(4)　ボランティア活動に対する評価の視点（略）
　2　ボランティア活動の現状と課題（略）

第3章　青少年の学校外活動の充実について
　1　生涯学習と青少年の学校外活動
　(1)　生涯学習と青少年の学校外活動の意義（略）
　(2)　学校週5日制と学校外活動

　平成4年度の2学期から幼稚園、小学校、中学校、高等学校及び特殊教育諸学校において学校5日制が導入されるが、これは、学校、家庭及び地域における子どもの生活全体を見直し、家庭や地域における生活時間の比重を高める必要があるとの観点から行われるものである。このことは、これまでの教育の仕組みを大幅に改変するものであり、学校、家庭、及び地域相互の連携を一層緊密にし、それぞれが持つ教育機能が十分発揮されるようにすることが大切である。

　また、学校週5日制は、子どもが家庭でゆとりのある生活をしたり、地域での多様な活動に参加する機会を増加させる契機となるものである。今日、学歴偏重、知識偏重等の風潮が指摘されている中で、豊かな生活体験・活動体験を

通じて養われる、自発性、創造性などを含めた真の意味での学力が身に付きにくくなっていること、さらには、将来にわたって自らの生活を切り開いていくのに必要な、全人的な力も培われ難くなっていること等の懸念があることを踏まえると、学校週5日制を積極的に活用して、子どもの全人的な人間形成を図っていくことが重要である。

その際、家庭、地域の関係団体・機関や学校などを含め、社会全体の理解と協力により学校外活動の基盤の強化を図るとともに、学校外活動の充実のための諸施策を推進していくことが求められる。

第4章　現代的課題に関する学習機会の充実について(注　答申の章のまま使用)
1　現代的課題とは
(1)　現代的課題の意義

今日の我が国の社会は、……科学技術の高度化、情報化、国際化、高齢化の進展等により、急激な変化を遂げつつある。そのことが人間の生き方、価値観、行動様式を変化させ、従来の生き方、価値観、行動様式が時代の要請するものとそぐわなくなっている。……地球環境の保全、国際理解等の世界的な課題をはじめ、高齢化社会への対応、男女共同参画型社会の形成等、人々が社会生活を営む上で、理解し、体得しておくことが望まれる課題が増大している。ここで言う現代的課題とは、このような社会の急激な変化に対応し、人間性豊かな生活を営むために、人々が学習する必要のある課題である。……れからの我が国においては、人々がこのような現代的課題の重要性を認識し、これに関心を持って適切に対応していくことにより、自己の確立を図るとともに、活力ある社会を築いていく必要がある。そのためには、生涯学習の中で、現代的課題について自ら学習する意欲と能力を培い、課題解決に取り組む主体的な態度を養っていくことが大切である。その際、生涯学習の意欲・能力等の基礎は青少年に培われることに留意して、学校教育及び学校外活動を通じ、発達段階に応じて、現代的課題に関する興味・関心を養う学習や活動の機会の充実が望まれる。さらに、社会の急激な変化に直面している成人の場合については、積極的に減退的課題に関する学習機会の充実を図ることが必要である。

(2) 主な現代的課題

　現代的課題には多様なものがあり、それを生涯学習の中で取り上げるに際して、学習者の事情や学習者を取り巻く状況などに即してとらえることが大切である。そのため、学習機会を提供する側にあっては、このことに十分留意しつつ、学習者個人、家庭、地域社会、国、国際社会、地球といった様々な視野から現代的課題を検討することが期待される。また、多様な現代的課題の中から、学習課題として選択する場合、それが心豊かな人間形成に資すること（豊かな人間性）を基本として、特に、その課題が社会的観点から見てどれだけの広がりがあるか（社会性・公共性）、どれだけの学習が時代の要請に即応しているか、緊急・必要であるか（現代性・緊急性）、などの観点から行われることが重要である。

　このような観点から、現時点における具体的な現代的課題を挙げると、例えば、生命、健康、人権、豊かな人間性、家庭・家族、消費者問題、地域の連帯、まちづくり、交通問題、高齢化社会、男女共同参画型社会、科学技術、情報の活用、知的所有権、国際理解、国際貢献・開発援助、人口・食料、環境、資源・エネルギー等が考えられる。

第4節　個人の求める教育目的

　個人の求める教育目的として、人格教育が浮かび上がる。
　なお、教育基本法第1条（教育の目的）には「教育は、人格の完成をめざし、平和的な国家及び社会の形成者として、真理と正義を愛し、個人の価値をたっとび、勤労と責任を重んじ、自主的精神に充ちた心身ともに健康な国民の育成を期しておこなわれなければならない」、とある。本条は、憲法の精神に則り、教育の向かうべき理念を明らかにするために目的を定め、その基本目的として「人格の完成」を目指している。人格とは、人をして人たらしめる本質ないし価値と考えられる。その具体的表現として「平和的な国家及び社会の形成者として、真理と正義を愛し、個人の価値をたっとび、勤労と責任を重んじ、自主

的精神に充ちた心身ともに健康な国民の育成」が記してある。

人格教育に関しては、カントの哲学的な人格教育が上げられる。ここでは、人格教育をより広い観点から考えることにする。人格を定義する方法は多様であるが、代表的なものをあげれば、① 生物・社会的定義（外面からの定義）――人格とは個人のもっている社会的な評価（評判）である、② 生物・物理的定義（内側からの定義）である――人格とは「現実にあるがままのもの」（オルポート、1937年）。「パーソナリティとは、個人を特徴づけている行動と思考を決定するところの精神・身体的システムであってその個人の内部に存在する力動的な組織である」[6]。

人格を考えると人格の基礎は本能であり、感情である。何をやってしまうかは本能であり、そのとき嬉しいと思うか悲しいと思うかは感情である。感情は本能をコントロールしたり助力したりするが、感情や本能には相矛盾するものもある。理性を通してこれら感情を分析・整理してみると、本質的なものでない本能・感情は、人間の行動には現れがたい。ここに各個人の人格が構成されることになる[7]。

人格形成は自己の本能や感情を理性によって整理、構造化することによって行われる。そこで、まず自己を理性的に分析して整理していくことが人格形成に必要である。人間として自己を分析、理解した人は、自己の行動を決定する行動の原理を創り出す。

子どもが乳幼児期においては両親のしつけによって対人的反応特性や行動様式を決定される。人の行動は、その結果が他者および自己から賞罰によってコントロールされるようになる。また人は、日常生活において他人の行動やその行動の結果を観察している。他人の行動やその結果の、観察された賞罰が自己の直接結果と同様に、人びとの行動をコントロールする役割を果たすことがある。これは、代理的強化（vicarious reinforcement）と呼ばれる。

社会的反応は、強化によるだけでなく、多くの場合、モデリング（modeling）によって効果的である。社会反応のパターンは、日常生活における手本や象徴的行動を観察することにより、獲得される。これは社会性を身につけるために効果的である。

人格形成過程において、青年期以降の自己形成の意欲、人格形成の能動的取り組みがある。人の一生は、意識的、自覚的に自己の自己自身の働きかけ、自己の在り方、自己と社会の在り方を作り上げていく自己形成、人格形成のプロセスである。

　人格形成は、社会的・環境的要因（家庭、学校、社会）と深く関わる。

① 　家庭における人格形成——乳幼児の発達可能性を規定するのは、家庭である。子どもは母親との相互作用を通してさまざまな学習をする。母親の応答的なはたらきを通して、他者に対する信頼感を形成する。また両親のしつけや態度が子どもの人格形成に大きな影響を与える。辻正三によれば（1978年）、親の望ましい態度（保護的、非干渉的、合理的、民主的、寛容、親子の心理的調和など）は子どもの望ましい特性（指導性、積極性、社会性、友好的、情緒安定性など）と関係がある。逆に、好ましくない親の態度（拒否的、感傷的、溺愛的、支配的、独裁的、圧迫的など）は、子どもの望ましくない特性（適応困難、神経症的、反抗的、依存的、情緒不安定など）に関係する。

　　その他にも家庭の全体的雰囲気や家庭内の人間関係も人格に大きな影響を与える。

② 　学校における人格形成——それぞれの学校には、その学校独の雰囲気とさらに生徒のまもるべき規範がある。こうした学校生活への生徒の適応は、学校生活への満足の程度と仲間との関係が重要である。

　　仲間は生徒にとって重要な他者である。仲間は、自己形成において比較対象また、成人への依存をたちきる手段をともに考える相談者である。生徒は、学校生活を通して友人から多くのことを学ぶし、相互に影響を与え合う。また、教師は子どもたちに生き方の模範になることもしばしばみられる。

③ 　メディアとの関わり——メディアが、子どもの人格形成に大きな影響を与えている。とくに、テレビやコンピュータによるインターネットなどの影響は大きい。情報が国内にだけ限定するのではなく、国際的な範囲で子どもたちの人格形成に大きく影響をしており、世界規模のボランティア活

動は、国境という壁を飛び越え相互に影響し合っている[8]。

このように、人格の形成は、文化との関係が親密である。人格と文化は、親密に係わることにより、社会改革を推進していくのである。逆に、社会改革は人格と文化の相互作用なくしてはなし遂げられないものである。個人が自分の人格形成を自ら積極的に追求することは深く文化と関わりより新しい文化・社会・個人を創造することになる。現代社会は、文化の伝統に縛られる、言い換えると教育が文化の伝達という側面を強調されると、画一主義的な面が強調されることになり、人格の形成を強調することになれば社会改革の推進は困難になる。文化の継承と創造、それに人格の形成は社会の改革にとって重大な2つの要素である。今、新しい教育改革を実現させるために新しい試みが導入されている、それと同時にその試みを確実にまた早期に実現させるために政府委員会が設けられ実現のための助言や勧告を積極的に教育委員会・各学校などに提案しようとしている。弾力のある行政機関の対応も今後期待される。

「引用文献」
(1) ポール・ラングラン著、波多野完治訳、『生涯教育入門』第二部、財団法人 全日本社会教育連合会、1989年、5頁。
(2) 同書、15頁。
(3) 同書、15頁。
(4) Ernst Troeltsch, Gesammelte Werk, Das Wesen des modernen Geistes. 小林謙一訳、『トレルチ著作第十巻』、ヨルダン社、1981年、17頁。
(5) 文部省、平成元年教育白書『わが国の文教政策』(「社会の変化に対応する初等中等教育」)、大蔵省印刷局、1990年、抜粋。
(6) 細谷俊夫、奥田真丈他監修、『新教育学大事典』、第一法規出版株式会社、1990年、235頁、参照。
(7) 西澤潤一著、『教育の目的再考』(21世紀問題群ブックス)、岩波書店、1996年、45-47頁。
(8) 細谷俊夫、奥田真丈他監修、『新教育学大事典』、第一法規出版株式会社、1990年、235-236頁、一部修正。

第2章　学校給食の現状とその課題

第1節　その後の学校給食の問題発生

　1996年5月下旬岡山県邑久町の幼稚園・小学校で、集団食中毒が発生した。検査の結果、O-157と判明した。6月に入り発病した患者のうち2名が死亡した。その後、広島県東城町の小学校の児童14人、岐阜県岐阜市の小学校の児童7人が、下痢や腹痛を訴える。検査の結果、O-157と判明。さらに、愛知県、神奈川県、埼玉県、千葉県などの小学生からもO-157が検出された。引き続き、東京の74歳の女性、長野県の会社員からも、学校給食が原因と考えられるO-157が新たに検出された。7月には、13日大阪府堺市の小学校の児童が食中毒症状を訴える。20日の時点で患者数は5000人（市内小学生の1割）を越す。15日現在、全国34都道府県でO-157が発症、その後も微増。9月21日、岩手県盛岡市の小学校で二学期になって全国初のO-157が検出される。

　大阪府堺市のO-157による集団食中毒の現状とそれに対する対応策について、「15日に給食を中止後、学校給食検討委員会を設置し安全対策について話し合いをして、その検討結果をリーフレットにし、保護者の方々に説明しました。また、8月下旬、児童の心のケアを図るため、『取り戻そうみんなの笑顔』

という指導資料を作成しました。」という説明を堺市は発表している。

　検討・改善の項目は、①　献立の作成（加熱調理、給食ブロックの細分化等）、②　食材購入（納入業者の細分化、衛生管理指導等）、③　食材の配送・検収・保管、④　調理施設・設備、⑤　衛生管理・調理義務など、⑥　管理責任体制、⑦　その他、以上の7つである。

　給食ブロックの細分化に関しては、「今までは3ブロックだったんです。ですから、6ブロックに細分化したわけです。」という回答である。この細分化のねらいは、ブロックをさらに細分化することで、同一食材、同一献立をやめて、食材の配送関係も分散し、万が一に備えて被害を最小規模に押さえようとすることである。これらを整理して、保護者に「学校給食再開に向けて」というリーフレットを配り、保護者説明会も開催した。「大半の方にはご理解していただきましたが、保護者から質問もだされました。そのこともふまえ、再開の準備をしました。」

　こうして、11月19日に学校給食を再開することになったけれども、児童全員が給食というわけにはいかなかった。「再開時で、弁当持参の者2562名（児童全体の5.4％）いました。12月9日では、少し減って2257名（全体の4.8％）です。」

　弁当持参の児童の数は、徐々に減少しているけれども、相変わらず弁当持参の児童は、まだかなりいるのも事実である。そこで、保護者と子どものどちらが不安を抱いているか、また弁当持参の児童に対する対応を聞いてみると、「（給食に不安を感じているのは）子どもと保護者の両方でしょうね。対応については、給食を食べないことで子どもたちが心理的負担を感じ、不登校にならないよう、十分配慮しなくてはなりません。また、その事によって色々つらい思いをすることがあってはいけない。児童の心のケアに配慮しています。」ということで、安全性と子どもへの配慮が第一優先といった形である。

　改善点と問題点について、「現在6ブロック化していますが、今後、細分化についても検討の予定です。それから、中止している米飯給食の問題もあります。元々、関西の方では米飯給食は少ないんですが、安全管理は大切です。また、消毒作業の面ですが、現在のところ、かなり時間がかかるんです。消毒にかける時間をもう少し短縮できる方法がないかということです。それと、食材

の検収の時間も必要です。午前8時から午後4時までの間にしなければならないんですが、まだ慣れていないせいか、消毒や検収に時間がかかっているのが現状です。それから、人の問題もあるんです。栄養士を全校配置出来ていません。栄養士は（大阪）府費の職員ですので。現実問題ではなかなか……。」と、現実の様々な問題が堺市教育委員会学校教育部を悩ましている。その中で、「専門家の意見等も聞いて、改善できる点があれば改善していきたいと考えています。」とこの機関は意欲的である。

　最後に、展望について、「献立の品数を増やしていきたいと思っています。品数を増やすことが必ずしもいい給食とは限りませんが、従来から堺市では、他よりも栄養のバランスとか品数で、いい給食だという評価を受けているんです。実際、保護者の方々からもそういう意見がありますし、中・長期的にも色々な弊害をクリアしていきたいと思っています。」と給食の歴史的観点・評価からも積極的に展開することが伺われる。

　ここで、「今、学校給食を問う」の内容をみてみよう（O-157だけでなく、現在の給食を考える）。
　<u>給食を取り巻く環境の変化</u>
　現在、子どもの食生活が大きな曲がり角を迎えているといって良いだろう。飽食の時代といわれる中で、ぜいたく病と言われる肥満や小児成人病の増加。偏食や小食の問題。そして食物アレルギーといった問題が、公平に、同じものを同じだけ食べるというような従来の学校給食に変革を求めている。個性を重視する、個性を尊重するということが、教育指導においても求められるのである。
　<u>給食の意味合いの変化</u>
　栄養を補うという意味合いから始まった給食であるが、日本が豊かになってきたことにより、栄養のバランスの取れた食事を安く提供するという意味合いが薄れてきたのは事実である。1992年、埼玉県庄和町では、「給食の歴史的な役割は終わった」として、町長が給食の廃止を提案したことがあった。しかし、保護者達の強い反対によって、給食廃止は撤回されたのであるが、庄和町の提

起した問題は深い意味をもっていたのである。

　給食の持つ教育的効果それ自体は、否定することはできない。しかし、食事のマナーやバランスの良い食事をとる習慣を付けるといったものは、学校教育よりも家庭教育の範疇であるという意見も根強い。庄和町の給食議論の中で、廃止に反対する意見として注目に値するのは、共働きの保護者にとって給食は保護者の負担を軽減してくれる、という意見があったことである。これは、給食に対して保護者が期待するものが、栄養のバランスの取れた食事を提供するという面よりも、共働きの保護者の負担を軽減させるという面に比重が移ってきているということである。

　このような給食に対する意識の変化に対応するために、学校給食と弁当を併用する選択制給食を採用している学校もある。また、複数のメニューの中から選ぶことができるようになっている学校も増えてきている。

　子どもの成人病

　栄養学的に見ても、子どもの状況がかなり危険な状態にある。現在、小児成人病が医療現場では大きな問題となってきつつある。食生活の変化により、脂肪分や糖分の取得が非常に増え、逆に野菜などの摂取量が激減している。人気メニューを見ても、カレーやハンバーグといった動物性タンパク質の多いものが人気がある。糖尿病や動脈硬化が進行している子どもさえいるのである。肉食志向の食生活、肥満と運動不足、間食の増加などが原因である。こうした子どもたちは、きちんとした食生活を送っていないわけであるから、望ましい食習慣を身に付けさせなくてはならない。

　転換を迫られる給食指導

　給食指導の中身も変わってきている。単純に個性を重視する教育が求められているからではなく、食物アレルギーといった問題に、単純に好き嫌いをなくすだけの指導が対応できなくなってきているのである。つまり一斉に全校の子どもたちに食事を提供しながら、その一方で個々の子どもたちの事情に対応しなくてはいけなくなってきたのである。

　無理に給食を食べさせることは、事実上不可能になってきた。全部食べるまで席を立たせないというような指導は、もはや時代遅れとなっているのである。

そうした指導を受けた経験を持った者も少なくないであろうが、生まれた時代が悪かったともいうことができるであろう。しかし、偏食などによる栄養の偏りが大きな問題になってきていて、栄養のバランスの取れた給食をとらせることの重要性がますます増してきているのである。現在の偏食指導は、偏食による栄養のバランスの欠如が、身体の発育にどのような悪影響を及ぼし、その結果、どれほど怖い事態が生じるかということを、子どもたちに納得させることによって、進められている。しかし、こうした指導の成果はすぐに上がるものではなく、また、時にはほとんど成果を上げることがないというのが、教師としての悩みである。こうした生徒に対して、どのような指導をしていくのかが、これからの大きな課題の一つである。

　成長期における栄養のバランスをとることの重要性は、特に強調されなくてはならないが、そのことを子どもたちが理解しやすいような指導が求められる。

<u>食文化の再生</u>

　従来から、家庭料理というものは、日本の伝統的食文化の基本となると考えられていた。食事の作法をしつけられたり、基本的な味覚を造ったりする場所であった。しかし、食生活の変化により、日本人の食事も変わってきている。外食や既成の惣菜を利用した食事が多くなり、「家庭にまな板がない」ということも特別話題にはならなくなってきている。また、家庭での米の消費量は減り続けている。そうした中で、1976年から月1回米飯給食が実施されるようになり、現在では、週2回から3回米飯給食が実施されるようになってきている。また、食事で使用される食器も大切に取り扱うことを通して食文化に重要な役割の一つを果たすのである。非常に強い批判を浴びた先割れスプーンは、給食現場からは一掃されたが、食器に関する吟味は十分にはなされていない。また、食べ残しも大きな問題である。学校給食を食べ残す理由としては、偏食とダイエット志向があげられる。自分の体に必要な食べ物を自分で選べる能力を身に付けさせることが求められるのだが、そのための手助けを給食教育を通じて行っていかなければならない。

　また、食べ残しによって発生する「残飯」の問題もある。従来は養豚業者に引き取ってもらったケースも多かったが、そうした手段がとれない場合は、ゴ

ミとして廃棄することになる。学校によっては、有機肥料として処理するような設備を導入しているところもあり、環境教育と関係づけていることが窺える。また、パック入りの牛乳については、パックの処理についても考えなければならない。リサイクル教育という観点からは、瓶詰の牛乳の方が、環境に優しいといえるわけであるから、そうした視点を給食指導に採り入れていくことも可能である。

　食べ物を粗末にしないということは、給食教育の原点の一つであると考えられる。したがって、こうした観点からも、食物の大切さを教え、食べ残し問題を一人一人の子どもに考えさせなくてはならない。

　同時に、個性教育と関連するとされるアレルギーと給食との関係も子どもだけの問題としてではなく、教師と保護者さらに地域社会の人たちと一緒に考えなければならない。

　これらの問題は、環境教育と個性教育の二者択一的なものとしてではなく、両側面を十分に意識しながらそれぞれの問題をバランスよく解決していくことがこれからの大きな課題といってよいであろう。

　調理法の問題

　給食の調理方式としては、共同式（センター式）と自校式が考えられる。文部省自体は共同式を推進してきた、それに対して自校式の方が細かい指導ができ、しかも温かい作りたての給食を子どもに食べさせることができるという意見が対立していた。経費的には、前者の方がはるかに経済的である。一食につき約40円の差がでるともいわれる。文部省の基準では、栄養士は各校について1人配置できるようになっていない、基準以上の栄養士の配置は、各教育委員会の負担である。

　安全衛生については、O-157の例で分かるように十分な注意が払われているとはいうことができない。堺市のO-157の場合は、食材の共同購入が被害の拡大に繋がったといわれている。今後とも、あのような食中毒の大量発生の危険性は無くならないであろう。

　ところで、堺市のO-157食中毒訴訟で、大阪地方裁判所堺支部は1999年9月10日、堺市に対して、「除菌処理などに過失があった」として死亡した女児

（当時12歳）の両親に計4540万円の損害賠償を支払うよう命じた判決を受けて、幡谷豪男市長と川端稔教育長は次のような会見をした。

市長は、2年半余りにわたった訴訟について「給食の在り方についてきびしいご意見をいただいた」と述べ「これから身を引き締めて（給食の安全に）万全を期したい」と再発防止への決意を述べた。また、「学童をはじめとする多くの保護者、市民に非常な苦痛と心労をおかけし、児童3人の尊い命を失う結果になったことは誠に申し訳ない」とあらためて謝罪。

判決は、明快に指摘している。一つは、献立を加熱処理していれば、感染しなかった可能性が高いこと。二つめに、厚生省の通達や報道で、加熱処理の有効性、必要性が指摘されていたこと。三つめには、加熱処理に切り換えたことに特別な支障がなかったこと。

その上で、「学校給食は教育の一環であり、児童に食べない自由は事実上なく、極めて高い安全性が求められる」としている。

<u>環境ホルモン溶出の食器の問題</u>

内分泌かく乱化学物質（環境ホルモン）の一種とされるビスフェノールAが溶け出すポリカーボネート（ＰＣ）製食器が、給食を実施している公立小中学校の32.7％に当たる10206校で使用されていることが文部省の調査でわかった（1999年9月21日付け朝日新聞）。朝日新聞の記事によると、次の内容であった。

　使用している学校は昨年の調査と比べ、2339校減り、使用率は7.4％減となった。使用している市町村・組合でも、36％は「今後他の材質に切り替える」としており、ＰＣ製食器を控える動きが広がっていることが明らかになった。

　調査は今年五月に実施された。ＰＣ製食器を使っていたのは、学校給食を実施している小学校の32.7％、中学校の32.9％、小、中とも使用率は前年比で7.4ポイントの減となった。都道府県別でみると、岩手、山形、福島、鹿児島の4県で6割以上の学校が使用していた。一方、東京、三重、京都、兵庫、大分の5都道府県は1割以下であった。

　ＰＣ製食器は軽量で壊れにくいため、近年、学校給食用に採用する自治体が増えた。厚生省は「実験で溶け出したビスフェノールAは法定の基準値を下回っており、使用を禁じる必要はない」という見解をまとめているが、微

量でも生殖や発育に影響があるという指摘もある。

<u>今後の給食指導のあり方</u>

給食に求められるものは、時代とともに変化してきた。現代では、家庭の負担の軽減という側面で考えられることもある。しかし、食は人間生活の基本であることは変わらない。その立場を再確認して、給食指導のあり方を明確にしていく必要がある。この指導は、生活を豊かにし、かつ健康に過ごすための基盤を作るものでなければならない。さらに、家庭との連携をよりいっそう緊密にし、一人一人の子どもたちに対応したきめ細かい指導が求められる。そのためには、日頃から、校内の情報交換と、各家庭との緊密な連絡を心掛けなくてはならない。

第2節 学校給食の歴史

給食の発祥は、世界的レベルから整理してみると、一般的に考えられるものは宗教的な人類の救済ということにある。事実、ドイツのミュンヘンでは貧困児童が給食を実施された(1796年)。日本では、1889(明治22)年山形県鶴岡町の私立忠愛小学校において貧困児童に昼食給与が施された。この学校は鶴岡市にある各寺院の住職が宗派を越えて貧しい子どもたちのために、大督寺の境内に建てた学校である。子どもたちの大半は貧しく、食事は十分に満足するものには程遠いものであった。そのため、僧侶たちは自らの托鉢で得た浄財によって、子どもたちに昼食を与えたらしい。昭和30年の火災で詳しい資料は一切残っていないが、開校と同時に給食もはじめられた。三度の食事に事欠くような子どもが安心して昼食を食べることができる。このような環境が、子どもにとっていかに安らぎを与え、勉学に集中させる効果があったかということを考えると、この試みは教育的に意味のあるものであったということができる。日本最初の給食はどのようなものであったであろうか。聞き取り調査によると、「白米の握り飯2個、野菜、塩干物の魚」であった。このメニューは現在「発祥時の給食」として再現され、年一度鶴岡市内では給食として出されている。

この給食に関して、様々な面から極めて高い評価がなされている。それに関して、まず毎日実施したという点。主食・副食を含めて栄養面でも十分であった点。時々全員の子どもに給食をするなど差別感をなくするような配慮がなされていた点など。これは、戦前においてある程度実績があった。しかし、第2次世界大戦の激化により中断された。

　戦後1946（昭和21）年文部・厚生・農林省の次官通達「学校給食実施の普及・奨励について」が出され、戦後学校給食の開始方針が決定された。戦後の学校給食の対象は、戦後の食料危機を反映して全児童であった。また、これは最低限の栄養補給がねらいであった。1947（昭和22）年学校給食がLALA（アジア救済連盟）の放出物資の供給により全国都市の児童300万人対象に開始される（脱脂粉乳）。1949（昭和24）年ユニセフのミルク寄贈によりユニセフ給食が実施される。これらの給食制度は、義務教育を支えることになった。1950（昭和25）年完全給食が実施された。この給食を支えたのはガリオア基金である。この基金でアメリカ小麦粉を買い付け完全給食が実施された。完全給食が全国規模で実施される中で、ガリオア基金が打ち切られ、給食実施校が激減した。学校給食の法制化を求める世論が高まった。

　1954（昭和29）年「学校給食法」が制定される。それによって、学校給食実施の基礎が確立した。1958（昭和33）年学習指導要領の改訂によって、学校給食が「学校行事」の領域に位置づけられた。1961（昭和36）年学校給食制度調査会答申が出され、センター方式が最も合理的であるとし、給食実施の合理化を求められる。1964（昭和39）年給食センター（共同調理場）設置への国庫補助が開始された。1965（昭和40）年これまでの脱脂粉乳から牛乳に全面的に切り換えられる、すなわち、ミルク給食が推進される。1968（昭和43）年小学校学習指導要領改訂により、学校給食が「特別活動（学級指導）」に位置づけられる。1969（昭和44）年中学校学習指導要領改訂により、学校給食が「特別活動（学級指導）」に位置づけられる。1970（昭和45）年保健体育審議会答申が出され、共同購入・大量生産推進などが指摘された。1971（昭和46）年文部省による都道府県学校給食センター整備への補助が計上される。流通合理化を推進させることがねらいとされた（給食実務の合理化・物資需給の整備）。1976（昭和

51) 年「学校給食法施行規則」の改正により、米飯給食始まる（米飯給食の導入）。1977 (昭和52) 年学習指導要領の改訂によって、学校給食が「特別活動（学級会）」に位置づけられる。1983 (昭和58) 年臨時行政調査会が、学校給食の整備・合理化について提言した。1984 (昭和59) 年文部省は『新学校給食の手びき』を刊行した。1984 (昭和59) 年文部省体育局長通知「学校給食業務の運営の合理化について」が出される。センター方式導入のための補助が盛んに計上される一方、センター方式・民間委託方式の学校給食に対して、疑問の声が上がる（学校給食の合理化・民営化）。1989 (昭和64) 年学習指導要領の改訂によって、学校給食が「特別活動（学級活動）」に位置づけられる。1990 (平成2) 年学校給食100周年記念大会開催。1992 (平成4) 年埼玉県庄和町が「給食廃止」を打ち出し、波紋を呼ぶ。1993 (平成5) 年文部省は『学校給食指導の手引き』刊行する。1996 (平成8) 年O-157による集団食中毒が各地で発生する。衛生管理を含め、学校給食に対する抜本的な見直しが必要との議論が高まる。

第3節　センター式給食と自校式給食

　学校給食法の理想「心身調和のとれた人間育成を目指す教育の一環」の実現のために、センター式給食と自校式給食という代表的な給食料理方式について考えてみよう。
　センター式給食について、この方式は学校だけでなく、行政との連携を考える必要がある。東京都23区では練馬区（小学校は69校中14校、中学校は34校中15校がセンター式給食である）と世田谷区だけがこの方式を採用している。保健給食課があるのもこれらの区のみである。センター式給食は、栄養士が献立作成し、学校の給食主任・調理士・センター職員が連絡協議会で協議し、物資選定委員会が食材見本を審査し、合格品のみ入札・納品する。それは、センター検品として調理され、各学校に配送される。万一の場合も考慮し、同一食材も複数の業者から仕入れている。衛生面には十分配慮する。練馬区では、センターの栄養士が教室に出向き、子どもたちと一緒に食べたり、保護者の試食会

を行い、センター見学の受け入れ、などセンターと学校、家庭の連携を深めている。

　自校式給食は、各学校の調理場で給食を調理し各教室に直接配る方式である。そのため、各学校にてユニークさを出すことができる。例えば、校内で子どもたちが栽培した筍、梅、芋、ミカンなどを給食の食材にしたり、学校行事に合わせて親子給食・青空給食・異学年交流給食などを行ったり、学級担任と他の教員とのティーム・ティーチング方式で正しい食事方法や栄養と健康の関係などを授業として指導する。この方式の特徴は、学校と家庭だけでなく、学校公開講座「父と子の料理教室」や地域の人を招く「招待給食」、地域の独居老人へボランティアの手で給食を届ける「高齢者学校給食配食事業」など、地域にまでその活動範囲が及ぶ。

　子どもたちが家庭や地域の一員であるという自覚を深め、学校外でも健康な食生活を考えたり、人間関係を深めることができることをこの方式は目指している。しかし、この方式の学校では全ての学校に栄養士がいるわけではない。

第4節　給食とアレルギー問題

　食物アレルギーが深刻な問題として知られるようになったのは、札幌市の「そばアレルギー訴訟」であった。この訴訟は、そばアレルギー症の子どもが給食のそばを食べたことが原因で死亡したのである。これは、この死亡の責任は学校側にあるとしてその子どもの両親が札幌市に損害賠償を求めた全国初のアレルギー訴訟であった。1993年2月、札幌高裁で「担任教諭の責任は認めず、市が800万円支払う」ことで和解した。

　事件の内容は、1988年12月当時小学生6年生A君が給食のそばを食べ、喘息発作を起こし窒息死したことである。彼は7歳の時そばアレルギーと診断されていて、両親は担任にそばを食べると具合が悪くなることを告げていた。

　そばアレルギー症とは、食物アレルギーの一種で、血清中にそばに対する抗体を持つ人が、そばを食べたり、そば粉を吸い込んで粘膜から吸収すると、体

内で急激な抗体抗原反応がおき、じんましんや嘔吐、ショック、呼吸困難などのアレルギー症状を起こすものである。

その後、食物アレルギーの問題が給食現場において大きな問題となってきた。みんな平等に同じものが与えられ、好き嫌いをせずに、残さず食べることが給食指導の大きな目的であった。しかし、そうした指導の結果、子どもが死亡するという現場サイドとしては思いもしなかった（つまり認識があまりにもお粗末だった）結果になってしまった。現在、アレルギーを持つ子どもに対して、除去食を取るという指導が行われるようになってきているが、そのような細かい対応ができないところは、アレルギーの子どもは弁当を持参させるという対応をとっている所もある。

アレルギーの子どもに対して、教師はどのようなことができるのであろうか。

まず考えなければならないのは、この子どもたちにとって、一番の苦痛は何かと考えることが必要である。まず、食べられない食べ物があるということをしっかりと認識することである。そして、周囲の子どもたちにも、ちゃんと事情を説明しなければならない。どのようなことであっても、周囲の子どもと違うということがいじめの原因となることが十分予想できる。従って、絶対にそうした事態にならないように、慎重な指導が求められる。栄養担当職員や養護教諭とも連携を密にしておくことが求められる。

第2章 学校給食の現状とその課題

表2-1 アレルギーを起こす主な食品

食品種別		分類	主な食品	備考
アレルギー原因食品	動物性食品	獣肉類	牛肉、豚肉、鹿肉、ソーセージ	鶏肉に比べてアレルギーは少ない
		鳥類	鶏肉、鶏卵、卵白、マヨネーズ、アイスクリーム	食べ物アレルギーの事例の約半数を占める
		魚介類	マグロ、カツオ、サバ、鮭、鱈、鯵、イカ、蟹、海老	消化器系と皮膚の症状が多い
		乳製品	牛乳、脱脂粉乳、バター、チーズ、ヨーグルト	牛乳は食べ物アレルギーの事例の約2割
	植物性食品	穀物	米、小麦、大豆、日本そば、ピーナッツ、粟	そばはショック症状で死亡することがある
		野菜	ほうれん草、なす、ピーマン、筍、里芋、山芋	ほうれん草は主に喘息発作を起こす。
		果実	キュウイ、パパイア、オレンジ	キュウイの果汁では皮膚の発赤、腫脹を起こす。

表2-2 アレルギーの主な症状

発症器官	発症部位	主な症状
感覚器	皮膚	湿疹、じんましん、発赤、腫脹感、掻痒感
	眼	眼の掻痒感、眼瞼浮腫、粘膜の腫脹、涙目
	口腔	口唇の腫脹、口腔周辺部の発赤、口唇内の掻痒感
	耳・鼻	鼻汁、くしゃみ、鼻づまり、鼻血、耳だれ
	神経系	頭痛、偏頭痛、めまい、痙攣
内臓器	呼吸器系	喘息、呼吸困難
	消化器系	下痢、腹痛、嘔吐、悪心、血便、肛門周辺の発赤
	循環器系	動悸、頻脈、血圧異常
	泌尿器系	蛋白尿、浮腫、血尿、頻尿
全身症状		発熱、疲労感、ショック

第5節　給食のいろいろな試み

① ランチルーム[※1]……給食の場所としては、教室が一般的であるが、近年ランチルームを設ける学校もある。ランチルームは、約100人が同時に会食でき直接及び間接照明、出窓などを備え冷暖房を完備している。例えば、ある中学校では、ランチルームの給食が通常各学年ごとに週2日実施される。テーブルは、6人掛けでゆったりとした雰囲気の中で食事をとることが出来る。またディッシュディスペンサーやフードウォーマーなどの器具により、温かい料理は温かく、サラダやフルーツは冷たく食べることができる。また、校長、他学年のクラス担任以外の全教諭、栄養職員が、各テーブルで生徒たちと一緒に給食をとることにより、生徒、教職員間の交流が図られる。生徒は、食事の場としての意義を理解し、交流の場として評価している。
② バイキング式給食[※2]……食べようとする意欲や食事の楽しさや喜びを味わい、「自分で選んで食べる」ことで食事に関する自己管理能力を高める。
③ 招待給食
④ 縦割給食……学年の枠を取り、交流の場を広げ、心の触れ合いを図る。
⑤ アンコール給食……アンケートを取ることによって、生徒の食に対する興味・関心を高める。
⑥ リザーブ給食……2種類の献立から事前に自分で選ぶことにより、食事の楽しさや喜びを味わう。
⑦ 交流給食……様々な交流体験を通してコミュニケーション能力（言語による態度・礼儀・マナー）を育成し、出会いを喜びとする生徒を育成する。
⑧ 生徒たちの「献立づくり」への参加……「献立づくり」に参加させることによって、興味・関心をもたせるとともに、バランスのとれた献立について考えさせる。
⑨ 「食べ物世界旅行」と名付けられた給食……外国の特徴ある料理や日本各地の郷土料理を給食の献立に取り入れたものである。
　など、これまでの給食とは工夫された、個性のあるものが取り入れられている。

第6節　学校給食と特別活動（学級活動）

　今日おおむね1400万人の児童生徒が、学校給食を受けるにいたり、学校給食における重要な教育活動として定着している。食事の内容も米飯に適した献立の工夫などにより多様化が図られ豊かになるとともに、食堂・ランチルーム等の食事環境の整備が進められている。※1
　学校教育としての学校給食の役割は、多くの内容を含んでいる。学校給食は児童生徒にとって、穏やかに楽しく食事をするという生活の場であるとともに、活き活きとした教育活動の場である。学校給食を生かし、望ましい食習慣の形成や教師と児童生徒あるいは児童生徒間相互の良好な人間関係の醸成はもとより、給食の準備等の共同作業を通しての勤労や協力、奉仕の精神の涵養、地場産物や郷土食の導入等による郷土を大切にする心の育成、他の教材との関係を図った指導等多様な教育効果を期待することができ、特に最近の学校給食においては、このような観点での給食指導が求められている。
　ところで文部省は、1992（平成4）年に学校給食に関する『学校給食指導の手引き』を出版している。そこで、この手引きの抜粋から学校給食と特別活動（学級活動・学校行事など）の関連を把握することにする。これ以下の部分は、この手引き書の抜粋のため章・節の番号は元のまま使用している。

第6節　給食の時間における給食指導[(1)]
１．給食の時間における給食指導の特質
　給食の時間における給食指導は、児童生徒の日常生活に欠くことのできない食事という実践活動を通して行われるという大きな特質をもっている。
　(1)　実践活動を通して行われる。
　給食の時間に行われる給食指導は、準備、会食、後片付けなどの一連の実践活動を通して行われる。この一連の過程は、児童生徒の生活体験にも関わる総合的な学習の場となり、栄養指導や食生活を素材にした健康作りの指導についても実際に献立を前にしているので訴える力が強い。さらに、毎日の実践活動

として行われる指導であるため、児童生徒に具体的に正しい食事の在り方や望ましい食習慣を身に付け、また、好ましい人間関係を育てるというねらいを達成する上で貴重な実践の場となり、極めて効果的である。

(2) 習慣化が図れる。

全校一斉に各学級でみんなが顔を合わせてゆっくり落ち着いて過ごせる給食の時間に、毎日繰り返し指導することにより、児童生徒へ望ましい食事の取り方の習慣化を図ることができる。児童生徒の発達段階を考慮して、意図的、計画的なものとなるよう根気強く指導を工夫するように努めることが大切である。

指導に当たっては、学校栄養職員や給食委員会が作成したその日の献立などについての資料を生かすとともに、校内の共通理解のもとに、できるだけ計画的に学校栄養職員による協力や指導の機会をもつことも大きな効果が期待できる。

(3) 個に応じた指導が求められる。

給食の時間における指導は、集団としての指導を基本としながら、一人一人の児童生徒の特性を考慮し、その指導が画一的なものとならないようにすることが大切である。食べる時間、食事の量、嗜好などについては個人差があるので、強制と受け止められることのないように、個に応じた指導に留意する必要がある。その際、肥満やアレルギーなど、特に専門的な立場から指導を必要とする場合には、一人一人の食生活の実態等をよく把握するとともに学校医や学校栄養職員、養護教諭等の助言を得るなど、一人一人の児童生徒に応じた指導ができるようにすることが大切である。

(4) 教科の学習との関連が図れる。

給食の時間は、「食べる」という身近な体験を通して教科で得た知識を体験的に確かめることができる場である。

給食の時間にその日の献立にある食品や栄養に関することや作る人びと等に関することを題材に取り上げ、教科の指導と給食の指導とを密接に関連付けることにより、学校教育全体としてのより大きな効果が期待できる。

2．中学校の給食の時間における給食指導のねらいと内容

　<u>中学生の時期は、男女ともに心身の成長が著しい、大切な時期である。自分の健康を自分で守るための自己管理能力が形成されるような給食指導をすることが大切になって来ている。特に、遅寝遅起きによる朝食ぬき、やせたい願望による無理な食事制限、糖分等の多い菓子類やインスタント食品、清涼飲料水の過剰摂取などの食生活の実態を見直し、自ら改善していくよう指導することが大切である。</u>

　思春期に大切な心の教育に関して、給食をみんなで食べることなどを通して、生徒同士の結びつきを深め好ましい人間関係を育てていくとともに、家族団欒の食事の大切さなどについて生徒や保護者の認識が一層深まるように配慮することも大切である。

　中学生の特性を考慮し、学校・地域の実態に応じて、できるだけ具体化したものにすることが、中学校の給食の時間における給食指導のねらいと内容の設定には望ましい。

（ねらい）
(1)　望ましい食習慣を身につけ、自分の健康に配慮した食生活ができる。
(2)　会食のマナーを身につけ、明るい社交性と好ましい人間関係づくりができる。

（内容）
①　自主的に安全に食事の準備や後片付けができる。
②　自主的に食事の場にふさわしい環境を整えることができる。
③　料理や食器を生かすための配食を工夫することができる。
④　献立に即した会食のマナーを身につける。
⑤　会食にふさわしい話題を選び、思いやりの心をもって、みんなと仲良く食事をすることができる。
⑥　思春期には栄養のバランスのとれた食事が特に大切であることが分かる。
⑦　特に中学生で不足している微量栄養素の大切さを知り、カルシウム等を多く含む食品を積極的にとる習慣を身につける。
⑧　安全で衛生的な食品を選ぶことができる。

⑨　地域の文化に関心をもち、食生活の大切さを理解する。
⑩　米飯給食を通して、我が国の食生活と食文化について理解する。
⑪　食料の生産、流通、消費について知り、食料の大切さを考える。
⑫　自然の恵みと食べ物の大切さを理解し、感謝の気持ちをもって食事をすることができる。
⑬　当番や係の活動を自主的に行う。

※[1]食堂・ランチルームの環境整備……構内に専用の食堂・ランチルームが設置されていることがより望ましい。施設の条件、例えば全校規模の食堂から、一ないし複数の学級が使用できる小規模のもの、教室を改修したり、また行動を兼ねているものなど、学校の実情に応じて整備することが望まれる。

食堂・ランチルームでの食事は、食事の楽しい雰囲気がつくられ、しかも準備や片付けが機能的にでき、また複数学級による会食をすることによって、幅広い人間関係が育つことになる。なお、指導に当たっては、食堂等の規模が大きくなるほど大きな集団を動かすことになるので、給食時間と人の流れに沿った施設の使用方法など綿密な計画を立て、指導内容及び方法などについて教職員間の共通理解を図ることが大切である。

食堂・ランチルームを生かした給食については、施設の実態や利用形態によって差異がある。各学級が計画的に交代して利用するという形態のところでは、日頃の教室と異なり、新鮮な雰囲気の中で食べられることになる。改めて食事の場として、食事のマナー、席の配置、話題の提供などについて指導したり、学校栄養職員の協力を得るなどその場の生き生きとした活動ができる場である。また、常に食堂・ランチルームで食事をしている学校では、混雑しないように、整然としたマナーで楽しく会食できるようにするとともに、上の学年の児童生徒は下の子どもに対する思いやりをもって仲良く食べられるようにすることが大切である。なお、食堂・ランチルームのある学校では、交流給食や親子給食、地域のお年寄りの招待給食なども実施しやすいこともあり、学校や家庭・地域との連携の観点からも種々の工夫が大切である。

※[2]複数献立を導入したバイキング方式とカフェテリア方式等による選択給食の実践を推進することは、今後の学校給食をより豊かなものとするために大切

である。これらを実践するには、常日頃給食で学んだことをよりいっそう充実させ、自己の健康管理能力を育てるための指導を事前・事後によく行うことが大切である。

　事例の効果としては、次のものがある。
　① 自分で食事を選択できることは、食事について自分で考え、自分の健康によい食事のとり方を理解し、身に付ける上で効果的である。
　② 健康と食事の関係を知り、生涯にわたって食生活の大切さを理解するための指導として、事前、事後の指導を時間割の学級活動時間の中で計画的に指導し、効果を上げている。
　③ 自分が選んで食べるという活動を通して、食べようとする意欲や、食事の楽しさや喜びをいっそう味わうことができる。

　これらの方式を実施するには、施設や設備、調理員の人数などにより、おのずと制約があり、児童生徒にとっても発達段階などにより多くの準備や指導が必要である。そこで、無理をせず少しずつ可能な範囲・方法で推進することが大切である。

3．中学校の給食の時間における給食指導の展開の仕方
　(1) 給食の時間における指導上の留意点
　① 食事に相応しい環境づくりに努めること
　② その日の食事内容に即して指導を行うことが効果的であること――食べるという――本来の食事の楽しさを阻害する事のないよう留意する必要がある。
　③ 安全・衛生に留意すること――を通して習慣化が図れるようにすること
　④ 個に応じた指導をすること――教師は児童生徒の中に入って食事を共にしながら、児童生徒の心や体の健康状態を観察し、欠けている面の指導ばかりでなくよい面を伸ばすなど、個に応じた指導を行う場合は、個々の実態に即して、温かく、また、根気よく指導にあたる。
　⑤ 児童生徒の自主的な活動を大切にした指導に努めること――特に給食当番や係の活動は、給食の運営の要になるので、活動を進めるに当たっては、

常に児童生徒が積極的に、責任をもって参加できるよう配慮が必要である。
⑥　好ましい人間関係を育てるよう配慮すること——給食の時間の席の配慮やグループづくり、話題の提供、明るい食事環境の整備などについて、きめ細かな配慮が必要である。
(2)　給食時間の活動の流れに沿った指導
①　給食の時間の準備、会食、後片付けなどの活動の工夫
②　給食当番や係の活動の工夫
③　給食の時間におけるグループづくりの工夫
④　食堂・ランチルームにおける指導の工夫
(3)　給食の時間における指導の改善

給食指導のねらいを達成するために、毎日繰り返される給食活動を継続して観察し、常に実態を把握することによって改善を図ることが大切である。

そのためには、学級担任は、毎日の給食活動が円滑に行われているか、よい食事の仕方が身についているか、仲良く楽しく食事ができているかなどの指導のねらいや内容が確実に実施されているかどうかを意図的にポイントを絞って観察し、指導することが大切である。

給食の時間の流れに沿った指導の改善のチェックポイント
①　給食直前の授業がのびていないか。
②　給食の準備、会食、後片付けがきちんと行われていたか。
③　食事にふさわしい環境づくりができていたか。
④　身なりをきちんと整え、手はきれいに洗っているか。
⑤　当番活動がスムーズに行われているか。
⑥　安全や衛生に気を付けているか。
⑦　献立についても理解できたか。
⑧　よいマナーで食べているか。
⑨　はしの使い方や食器具の扱い方が上手にできるようになったか。
⑩　食事は好き嫌いなく食べているか。
⑪　会話をしながら、楽しく食べられたか。
⑫　上手な食べ方ができるようになったか。

⑬　後片付けがきれいに行われているか。

　以上のような点をチェックして、どのような点に問題があったかを明らかにした後、それが何に起因しているのか、問題点の所在を探り、次回に改善するようにすることが大切である。

第2節　時間割の学級活動時間における給食指導
1．時間割の学級活動時間における給食指導の特質
　時間割の学級活動時間に給食指導を進めるには、「健全な生活態度の育成に資する」とする学級活動のねらいや特質を踏まえて指導することが大切である。
　学級活動は、学級を単位に、集団の一員として協力し自主的、実践的に自分たちの学級や学校の生活の充実と向上を図るとともに、当面する諸課題への対応、健全な生活態度等を身に付ける活動である。
　学校給食に関する内容は、主として給食の時間と時間割の学級活動時間に指導することになるが、時間割の学級活動時間で取り上げる内容は、昼の給食の時間では指導しにくい内容、話し合って検討を要する内容、まとまった時間を利用して指導する内容などが考えられる。

2．時間割の学級活動時間における給食指導のねらいと内容
　例えば、次のものが考えられる。
（ねらい）
1　昼の給食の時間の活動を充実するための基礎・基本を理解させる。
2　生涯にわたり健康な生活を送るためには、栄養のバランスのとれた食事の大切さや望ましい食習慣が大切であることを理解させる。
3　好ましい人間関係の育成を目指した多様な給食形態の在り方や実施方法について話し合うなど、自主的に取り組むことができるようにする。
（内容）
1　準備や後片付けなどの手順、さらに安全や衛生について理解し、実際の活動に生かすことができる。
2　健康な生活を送るためには、多様な食品を摂取し、栄養のバランスのと

れた食事をとることが大切であることが分かる。
    3　食事ができるまでには、多くの人びとが働いていることが分かり、感謝の気持ちをもって食事をすることができる。
      なお、米飯給食や郷土食など地域の特色ある料理を取り上げ、食文化や郷土への関心を高めるようにすることも大切である。
    4　楽しい給食を目指した多様な会食の方法を工夫することができる。
3．時間割の学級活動時間における給食指導の展開の仕方

第3節　その他の特別活動等における給食指導
　学級活動における給食指導のねらいを達成するためには、指導の内容の工夫、学校行事及び生徒会活動との関連を図って、それぞれの特質ある内容を生かしながら、指導の効果を高めていくよう配慮する。さらに、その他学校生活のいろいろな機会をとらえて指導することが必要である。
1．学校行事における給食指導
　中学校の指導書特別活動編において、学校行事の中の「健康安全・体育的行事」の内容の例示として、中学校では「健康・安全や学校給食に関する意識や実践意欲をたかめる行事」を示している。現在の各学校における学校給食の実施状況は、全校又は学年という単位で、学校生活に秩序と変化をあたえ、集団への所属感を深め、学校生活の充実と発展に資する体験的な活動が行われており、学校行事としての活動と考えられている。
　この場合、これらの活動を学校行事として年間指導計画に明確に位置づけ、教職員間の共通理解を図っておくことが大切である。
　(1)　健康安全・体育的行事における給食指導
　新入生歓迎給食、親子給食、お年寄り招待給食、異学年交流給食など。
　(2)　その他の行事における活用
　例えば、儀式的行事の中で開校記念日を祝して行う全校給食や、学芸的行事の中で文化祭等で給食委員会の研究や調査を発表させたり、遠足・集団宿泊的行事の中で野外活動における炊飯活動を中心とした体験を通して、食事に関する意識を高めることもできる。

また、勤労生産・奉仕的行事の中で学校農園等での野菜づくり等に汗を流して働き、さらに収穫したものを学校給食に利用して、全校で食事を共にすることなどは、生産の喜びや勤労の尊さが分かり、感謝の心を育てることに大いに役立つものである。

2．生徒会活動における給食指導

　学校給食に関する活動は、通常、委員会活動の中の給食委員会などが中心となって行われている。

　給食委員会は、学校全体の委員会組織の中で他の委員会と相互の協力を図りながら、全体の年間活動計画に基づいて、生徒の自発的、自治的な活動ができるようにすることが大切である。

　給食委員会の活動

　(1)　給食の時間における活動

　①　安全で清潔な運搬や配膳、後片付けなどが能率的に、しかも自主的にできるような活動

　②　食品や栄養に関する内容や郷土食、行事食等の放送原稿を献立に沿って作成し、給食の時間に放送する。あるいは放送委員会への資料提供を行う。

　③　献立（栄養）黒板や給食日誌の記入をする。

　④　ランチルーム等の運営に協力する。

　(2)　生徒会における活動

　①　給食に関する諸問題を解決するため、食事の嗜好などの必要な調査研究を行う。

　②　給食の仕事を分担処理する活動ができるように話し合う。

　③　給食新聞の発行や給食コーナー等へ資料の展示や掲示をする。

　(3)　食事に関する学校行事や地域の行事に参加する活動

　①　健康安全・体育的行事等の学校行事に参加する活動

　②　給食や食事に関する調査を行い、文化祭等で発表する。

　③　地域の食文化に関する行事に給食委員会として積極的に参加する。

3．随時に行う給食指導

　例えば、朝や帰りの会、集会の場等が考えられる。この場を活用して、学級

担任等が「食生活と健康づくり」「栄養と健康」「食料の生産、流通」等について、その日の食事内容に即して指導したり、生徒がその日の給食の活動を反省したり、また招待給食の計画を立てることなども考えられる。

また、給食だよりをそのまま家庭に持ち帰らせるだけでなく、その内容の重点について説明する時間として活用することも大切である。

第4章　個別指導及び教科等との関連を図った給食指導

第1節　個別に行う給食指導

1．個別指導の意義と内容

<u>給食指導では、自分の健康を考え自己管理ができるような態度や能力を育てるために、どのような食品をどれだけ食べる必要があるかを考えて食品を選択することができるように指導する必要がある。</u>

<u>そのためには、学級担任は、できるだけ一人一人の生徒の健康状態や個性を把握して必要に応じ個別指導をすることが大切である。</u>

2．個別指導の進め方

(1)　実態の把握

好き嫌いが多かったり、過食、少食、肥満、アレルギー等の傾向のある生徒の実態把握や指導に際して、特に個人の人格を傷つけないような配慮が必要である。

(2)　指導の場

個別指導を行う場としては、給食の時間や、栄養相談の機会などが考えられる。

(3)　指導の方法

ア　肥満傾向にある生徒の指導

　　指導の内容

　　○　給食の時間の指導

　　　・よく噛んでゆっくり食べ、早食いをしない。

　　　・好き嫌いをしないでバランスよく食べる。

　　○　運動量を増やすための指導

　　　・放課後、休み時間はできるだけ戸外へ出て、体を動かして遊ぶ。

- ・個人的に目標を立てて継続して行う。
- ○ 肥満と健康についての啓発を図る指導
  - ・肥満が引き起こす病気、太り過ぎはなぜいけないか等について理解する。
  - ・食事は適量をバランスよく、特に、主に体をつくる食品をしっかりとるようにする。
  - ・糖分が多い食品を過食しない。
  - ・運動量を増やし、規則正しい生活習慣の確立を図る。
- ○ 家庭との共通理解、協力を得る指導
  - ・肥満と健康について啓発する。
- ・バランスのとれた適量の食事を三食しっかり食べるようにする。
  - ・特に成長期であるから、主に体をつくる食品はしっかりとるようにする。
  - ・家庭でだんらんしながら楽しく食事をする。
  - ・戸外での遊びを工夫し運動量を増やす。
  - ・規則正しい生活を継続する。

イ　やせたい願望による少食の生徒の指導

　指導の内容
- ○ 給食の時間の指導
  - ・よく噛んでゆっくり食べる。
  - ・好き嫌いをしないでバランスよく食べる。
- ○ 少食と健康についての啓発を図る指導
  - ・健康な体をつくるために、運動、休養、食事の調和のとれた生活をする。
  - ・無理に減食すると、体調に変化をきたし、無月経、貧血、集中力がなくなるなどの弊害が起こることもある。
  - ・食事は適量をバランスよく、特に、主に体をつくる栄養素をしっかりとるようにする。
- ○ 家庭との共通理解、協力を得る指導
  - ・少食と健康について啓発する。

・バランスのとれた適量の食事を三食しっかり食べるようにする。

・家庭で団欒しながら楽しく食事をする。

ウ　食物アレルギーの生徒の指導

　食物により出現するアレルギーの症状には、皮膚炎などの皮膚症状、腹痛・下痢などの消化器症状、気管支喘息などの呼吸器症状などがある。原因物質としては、一般に乳幼児期では、牛乳、卵、大豆によるによるアレルギーが多い。しかし、成長とともに減少し、学童期以降これらの症状は現れにくくなる。しかしながら、子どもの体質によって、他の食物によっても起こることが指摘されており、穀物などにも注意を要する場合があるとされる。特にそばについては、十分な注意を払う必要がある。

　個々のアレルギーの原因や症状について、学校として状況を把握しておくことが重要である。そのためには、学級担任が、学年当初などに保護者を通じ、アレルギーを有する生徒の実態や主治医の指示について情報を得ておく必要がある。また、学年途中においても、保護者から申し出があった場合には、主治医の指示を把握しておく必要がある。学級担任は、アレルギーに関する情報を保護者から得た場合には、学校栄養職員や養護教諭、学校医、共同調理場の関係者等にも連絡し、それらの人びとと連携して対応することが求められる。

　これらの情報をもとに、各学校においては、給食の献立を各家庭に事前に周知して保護者の注意を喚起することが大切である。この場合、他の生徒が不審に思ったり、仲間はずれにすることがないよう、当該生徒の気持ちを配慮しながら、学級担任等が理由を説明するなど実情に応じて適切に指導することが大切である。

第2節　教科等との関係を図った給食指導

　<u>給食指導は、各教科や他の教育活動との関連を図った指導が大切である。特に、給食の時間の活動には、各教科等で得た知識を実際に確かめ、これを実践的に体得するといった役割を期待することができる。</u>

第5章　健康教育における学校栄養職員の役割
第1節　学校栄養職員の役割

　学校栄養職員は、学校における重要な教育活動である学校給食を通じ、生徒の健康教育を進める極めて大きな役割を担っている。

　学校栄養職員は、栄養や健康の専門家として生徒の生涯にわたる心身の健康づくりを目指し、内容豊かな給食を提供するばかりでなく、給食指導の面でも、学級担任等への協力等により積極的に参画することが求められる。

　文部省体育局長通知「学校栄養職員の職務内容について」（昭和61年3月13日文体給第88号）の中で、学校栄養職員の職務内容の基本が次のように記されている。

　1．栄養バランスへの配慮
　2．豊かで多様な献立への努力
　3．生きた教材としての献立の工夫
　4．地域に根ざした献立の工夫
　5．選択できる献立の工夫
　6．衛生や安全の一層の配慮
　7．学校給食に関する基本計画への参画
　8．給食指導への協力・参画
　9．学校給食に関する調査研究の充実

第2節　給食指導への協力・参画
　1．給食指導の計画づくりへの協力・参画

　学校栄養職員の職務・役割は、幅広く多様であるが、給食指導においても学校における給食指導の基本計画への参画から、学級担任等への資料・情報提供、生徒に対する直接的な指導・相談に至るまで各学校の実態に即し、教職員の共通理解を深めながら積極的かつ適切な対応が必要である。

　2．学級活動における給食指導

　給食指導の充実のために学校栄養職員は、第一に学校給食委員会や給食主任との連携・協力を図りながら、また共同調理場にあっては各学校と連絡を密にしながら、給食指導の計画づくりや教職員の共通理解づくりに積極的に

参画し、協力していくことが大切である。第二に、各学級担任や生徒への適切な資料や情報の提供を行うことである。第三に、各学級における指導に当たり、学級担任を補佐し、学校栄養職員が直接生徒の指導に当たることも今後一層重要である。

第3節 個別指導と栄養相談

　個別指導は学級担任が適切に行うことが基本であるが、専門的な立場からの指導や協力が必要である場合、学級担任からの依頼等に応じ、学校栄養職員が個別指導に積極的な役割を果たすことが必要である。

　この場合学校栄養職員は、当該生徒の食生活等について学級担任等とよく情報交換し、必要に応じて保護者と相談したり、学校医、養護教諭等関係教職員と連携しながら、生徒に対する直接・間接の個別指導を進めることが大切である。

　個々の相談のケースについては、学級担任、養護教諭、学校医と連携を密にすること、保護者との適切な話し合いの機会が大切であることなどに留意し、生徒が自ら気付いて改善する態度が育成されるようにすることが重要である。

　それらの個別指導や栄養相談については、解決を焦らず長い期間をかけて指導する配慮が必要である。また、特定の生徒に対する個別指導の際、特別扱いということで当該児童生徒の心に過大な重荷になったり、他の生徒からのいじめのきっかけにならないように、個々の生徒や学級の実態を踏まえて、指導上、きめ細かな配慮が大切である。また、個別指導に当たっては、保護者の協力なども十分得る必要があり、その際、プライバシーの保護にも十分留意する必要がある。

第4節　その他の特別活動及び教科等との関連を図った給食指導

　1．学校行事における指導

　2．生徒会活動における給食指導

　3．教科との連携を図った指導

　4．その他の指導

給食指導の充実をはかるためには、全校集会、保護者会、学級での朝や帰りの会等多様な場を活用した指導が考えられる。
　学校栄養職員は、教職員の共通理解を得て、年間指導計画に基づきこのような多様な時間を活用し、創意工夫を生かした指導を直接・間接に行っていくことが大切である。

第5節　共同調理場における学校栄養職員の特質

　<u>共同調理場に勤務する学校栄養職員は、各学校における給食指導に積極的に協力していくことが大切であることを自覚して、各学校の実情に応じ、連携を密にしながら協力して給食の運営、給食指導に努める必要がある。</u>
　学校栄養職員が給食指導の充実に特に積極的な役割を果たす点については、基本的には単独調理場となんら変わりはないが、しかし勤務の実態から当然のことながら単独校勤務と異なる面を持っている。
　その主な相違点としては、おおむね次の点があげられる。
① 　対象となる学校が複数であり、共同調理場と各学校との連携や共通理解を深めることを意図的に行う必要がある。
② 　学校や地域により、学校給食に対する方針や学校給食の指導の方法・内容等が異なる場合があるので、学校栄養職員が指導に協力する形態やその取組に差がでることも考慮しなければならない。
③ 　給食の受給校の学級数が多く、直接生徒に対応する機会が少なくなるので、適切な資料・情報提供等を行うとともに、学校や各学級の指導をあらかじめ計画的に用意して訪問する等の工夫が必要である。
　これらの相違点をのりこえるために、市町村教育委員会、校長、場長、学校栄養職員の努力によって指導組織を確立し、指導方法や指導内容についても充実させて、指導の効果をあげている市町村の例も多く見られる。また、共同調理場によって配送する学校数、学級数が異なる、学校栄養職員として各学校の指導等に協力する場合には、その規模、実情等に応じた適切な方法を工夫する必要がある。

第6節　家庭・地域との連携

　学校栄養職員は、学校給食を適切に進め、学校、家庭、地域との連携についても大きな役割を果たしている。

　学校栄養職員は、学級担任を通し給食だより等による生徒や保護者への働きかけという貴重な機会を有している。

　給食だよりや献立は、生徒も保護者もよく見、話題にする資料である。

　月毎あるいは週毎の給食の献立の配布については、料理名・学校で使用する食材料などを詳しく掲載していることは当然であるが、それに加えて献立のねらい、献立等の工夫の様子、給食指導の内容、生徒の食習慣の様子や保護者への働きかけ等内容を重点化し、具体的内容にする等、よく工夫することが大切である。これにより、学校や給食に携わる教職員の努力が伝わる一方、保護者の学校給食や児童生徒の食生活や健康への関心や理解が深まり、よりよい学校給食の充実につながる。

　学校給食の啓発活動としては他に、地域のお年寄り等を対象とした招待給食や郷土食の掘り起こし、もちつき大会や収穫祭等の学校行事を通して、給食と地域の食生活のかかわりについての理解を得ている。親子給食あるいは親子料理教室などを実施したり、生徒会活動やクラブ活動等で地域の料理を紹介したりする学校もある。こうした活動に際して、学校栄養職員が企画立案に参画し、助言や指導等効果的な役割を果していくことも必要である。

　また、ＰＴＡ給食委員会等の組織を通して給食に関する活動を計画的に行ったり、貧血、肥満等の料理講習会や展示会などに、学校栄養職員が積極的に参画し協力・助言することも学校と家庭、地域との連携を深める上で効果がある。

　このような機会を通じ、生徒の食生活の改善のためには、多様な食品をバランスよくしかもそれぞれの個人に合わせ、何をどれだけ、どのようにとったらよいかを家庭や地域の人たちに知らせていくことも大切な学校栄養職員の役割である。

第6章　給食指導の改善

第1節　改善の視点

<u>給食指導の改善を図るため、指導計画の作成、指導、指導の成果を評価する必要がある。</u>

〔給食指導の改善のための評価項目〕
1．指導計画の作成について
　① 生徒の実態や地域社会の実状に即して、学校給食の指導上の課題を的確にとらえて計画されていたか。
　② 各教科、道徳及び特別活動の他の内容との関連性を考慮して、発展的、系統的に計画されていたか。
　③ 指導の具体的なねらいや内容は、生徒の発達段階に応じて計画されていたか。
　④ 生徒、学校及び地域の実態に即して、年間を通じて指導の時間が適切に確保されていたか。
　⑤ 指導計画が学校栄養職員の献立計画等との連携を密にして作成されていたか。
2．指導について
　① 生徒が自主的に給食の時間の活動に参加し、進んで役割を遂行できるよう配慮されていたか。
　② 学級担任等と生徒及び生徒相互の人間的な触れ合いの場となるよう配慮されていたか。
　③ 適切な食事環境づくりについて生徒の相違と自主性を重視し、様々な実践を通して個性の伸長を図ろうとする意欲を育てる配慮がなされていたか。
　④ 家庭との連携を密にしながら個別指導が図られていたか。
　⑤ 適切な教材や資料が用意され、掲示等が行われることなどにより、生徒の興味や関心を引き出す工夫を行っていたか。
　⑥ 家庭や地域、幼稚園、小学校、中学校間との連携を図るなど、指導の成果の定着に配慮していたか。
　⑦ 学校栄養職員の協力が得られ、献立を教材として活用することができたか。
3．指導の成果について
　① 食べ物の働きが分かり、様々な食べ物を正しく組み合わせて食べること

や、自ら適量を選択することができるようになったか。
② 食事の場にふさわしい話題を選び、誰とでも仲良く楽しく食卓をかこみ、食事を通して好ましい人間関係、仲間意識を育てる態度ができるようになったか。
③ 一人一人が、集団の一員としての自覚をもち、自主的に協力し合って活動するようになったか。給食の準備や後片付けが、安全にしかも能率的にできるようになったか。
④ 清潔な環境づくりや身支度ができるようになったか。
⑤ 料理をきれいに盛りつけ、おいしく食べることができるようになったか。
⑥ 安全・衛生の意味が分かり、手洗いや食器の扱いが正しくできるようになったか。
⑦ 給食を作ってくれる人たちに感謝する態度が育っているか。
⑧ 正しい食事のマナーを身に付けることができたか。

第2節　生徒の実態に関する把握

生徒の給食の時間の手洗いや準備、また食事中の様子、後片付け等日常の給食の時間の活動などについては学級担任がよく観察することによって改善することができる。

第3節　指導の改善

給食指導の改善に当たっては、すべての教職員が給食指導に関して正しい理解と関心をもち、協力して進めることが必要である。

「引用文献」
(1) 第6節の「学校給食と特別活動（学級活動）」は、文部省発行の『学校給食指導の手引』（慶應通信株式会社、1992年）からの抜粋である。

「参考文献」
(1) 藤原邦達著、『学校給食』、食べもの通信社、1997年。
(2) 児島しのぶ著、『学校給食変換史』、大学教育出版、1993年。
(3) アスペクト編集部編、『なつかしの給食』、株式会社東京印書館、1997年。

第3章　不登校(登校拒否)の問題とその解決

第1節　登校拒否・不登校の問題

　登校拒否問題についての基本的な認識に関して、文部省初等中等教育局の「学校不適応対策調査研究協力者会議報告[1]」(1992年3月13日)には、次のような整理・展開がなされている。

　登校拒否の原因や背景は、学校・家庭・地域社会の様々な要因が複雑に絡み合っていることが考えられる。たとえば、学校生活に関するものとしては、児童・生徒が友人関係や教師との関係で悩んだり、学業不振などにより学習への意欲や興味・関心を失ったり、学校の指導方針や校則等になじめなかったりなどがある。家庭の崩壊が、教育力を失い、すべての教育を学校に託する傾向が強くなってきた。要するに学校に対する期待過剰の現象がみられる。そのうえ、様々な要因により子どもを取り巻く家庭や地域社会の教育力の低下が、幼少期から子どもがたくましく健やかに成長する教育基盤を脆弱化している。更に、

社会における学歴偏重等の受験競争をあおる風潮が学校や保護者に不安感を与えている。それらによって、子どもたちはプレッシャーやストレスに苛まれ、将来への不安を抱き、学習への意欲や将来への希望を失っているのが現状である。

　このように登校拒否問題は、学校や家庭、さらに社会全体にも関わっている問題であり、登校拒否は特定の子どもにしかみられない現象であるといった固定的な観念でとらえるのではなく、現代の子どもに対する新しい児童生徒観を基本として総合的な角度から問題を認識し、指導・援助していくことが必要と考えられる。

　ところで、文部省基本調査(1996年8月8日木曜日朝日新聞による)によると、昨年度、不登校(登校拒否)で30日以上、小学校・中学校を休んだ子どもが約8万2000人にのぼった。小学生500人に1人(0.02%、前年度比0.02ポイント増)、中学生が70人(1.42%、同0.1ポイント増)に1人の割合で、歯止めがかからないまま、毎年、「過去最高」を更新し続けている(1997年度には10万人を越えた)。一方、女子の高学歴志向が一段と進み、42年ぶりに4年制大学への入学者数が短大を上回った。30日以上の欠席者のうち、「学校ぎらい」の子は小学校で16,566人、中学校で64,996人いた。このうち50日以上の長期欠席した小学生12,781人、中学生54,060人で、いずれも約8割にあたる。

　「30日以上」の調査を始めた1991年度は、小学校が約12,600人、中学校は約54,200人で、それ以降、人数と比率ともに増え続けている。また「50日以上」でみると、最初に調べた30年前の1966年度との比較では、子どもの全体の人数が減ったにもかかわらず、小学生の不登校が2.9倍、中学生が4.4倍に膨らんだ。

　1994年度の不登校の文部省の分析では、いじめを含む学校生活に起因するものが約4割、不安や緊張など本人の問題が約3割、家庭的な問題が約2割とされている。ほぼ半数は学校以外で学習指導や相談を受けていた。

「学校不適応対策調査研究協力者会議報告[2]」に従って整理してみることにする。(ただし必要な部分抜粋のため各番号は,必ずしも報告とは一致しない。)
1　登校拒否問題に対する基本的な認識
　1　求められる登校拒否問題の認識の転換

第3章　不登校(登校拒否)の問題とその解決　　61

2　本協力者会議の検討の視点
(1) 検討の基本的な認識
(2) 「登校拒否」という用語
(3) 登校拒否の定義

学校不適応対策調査研究協力者会議の定義によると、「登校拒否とは、何らかの心理的、情緒的、身体的、あるいは社会的要因・背景により、児童生徒が登校しない、あるいはしたくともできない状況にあること(ただし、病気や経済的な理由によるものを除く)をいう。」、ことを意味している。

2　登校拒否の現状について
(1) 登校拒否になった直接のきっかけ

表3-1　登校拒否になった直接のきっかけの区分

区分	内容
学校生活での影響	・友人関係をめぐる問題(いじめ、けんか等) ・教師との関係をめぐる問題(教師の強い叱責、注意等) ・学業の不振(成績の不振、授業がわからない、試験が嫌い等) ・クラブ活動、部活動への不適応 ・入学、転編入学、進級等の不適応 ・学校のきまり等をめぐる問題
家庭生活での影響	・家庭の生活環境の急激な変化(父親の単身赴任、母親の就労等) ・親子関係をめぐる問題(親の叱責、親の言葉・態度への反発等) ・家庭内の不和(両親の不和、祖母と母親の不和等本人にかかわらないもの)
本人の問題	・病気による欠席 ・その他本人に関わる問題

(2) 登校拒否のタイプ

登校拒否の現状分析をすることによって次のようなタイプに区分することができる。

表3-2 登校拒否のタイプ

区　　　分	区　　分　　の　　説　　明
学校生活に起因する型	いやがらせをする生徒の存在や、教師との人間関係等、明らかにそれと理解できる学校生活上の原因から登校せず、その原因を除去することが指導の中心となると考えられる型。
遊び・非行型	遊ぶためや非行グループに入ったりして登校しない型。
無気力型	無気力でなんとなく登校しない型。登校しないことへの罪悪感が少なく、迎えに行ったり強く催促すると登校するが長続きしない。
不安など情緒的混乱の型	登校意志はあるが身体の不調を訴え登校できない、漠然とした不安を訴え登校しない等、不安を中心とした情緒的な混乱によって登校しない型。
複合型	登校拒否の態様が複合していていずれが主であるかを決めがたい型。
意図的な拒否の型	学校に行く意義を認めず、自分の好きな方向を選んで登校しない型。
その他	上記のいずれにも該当しない型。

第3章　不登校(登校拒否)の問題とその解決　63

3　登校拒否問題への取組の現状について
(1)　学校の取組
　学校は、日頃から様々な教育活動を通じ、一人一人の児童生徒の個性や能力に応じた指導によって主体性を育み、集団の中での好ましい人間関係の形成に努めている。また、学習の遅れている児童生徒に補充的な指導を行うなどの様々な取組を行っている。
　また、登校拒否となった児童生徒については、度々家庭訪問を行ったり、電話をかけたりするなど家庭への働きかけを行う、友人関係を改善したり、教師との関係を改善したりするなど学校内での指導の改善工夫を行う、教育センター等の相談機関と連携して指導に当たる等様々な取組を継続的に行っている。
　具体的には、担任教師などが家庭訪問をし、状況をみながら、児童生徒と話し合ったり、保護者と電話で連絡を取り合い相談に応じて相互の信頼関係を作るようにしたり、授業等の資料を届けたり、ケースによっては仲の良い児童生徒に励ましをさせたり、常に学校と結び付いているという安心感をもつような指導に努めている。また、学校でのいじめが原因であると思われる児童生徒については、いじめを行っていた児童生徒に強く指導を行うと同時に、周囲の児童生徒に対し傍観者的態度を排して二度といじめを起こさないようにするなど友人関係を改善することに努める。
　さらに、場合によっては保健室等教室以外の場所で指導したり、放課後であっても登校できるよう配慮するなど、教室への通常の登校にとらわれない弾力的な対応をしている例もある。
　登校拒否が長期化している児童生徒については、教育センター等の相談機関で専門的な指導を受けるようにし、学校も指導の在り方について相談機関に助言してもらうなど、学校と相談機関が相互の役割分担を明確にしながら信頼し合い、連携して指導の効果をあげているところもある。このように、学校では、登校拒否問題の解決のために教師が懸命に様々な努力を行っている実情にある。

表3-3 「指導の結果登校できるようになった児童生徒」に
特に効果のあった学校の措置の区分・内容

	区 分	内 容
学校内での指導の改善工夫	全教師の共通理解	登校拒否の問題について、研修会や事例研究会等を通じて全教師の共通理解を図った。
	学校全体での指導	全ての教師が当該児童生徒に触れ合いを多くするなどして学校全体で指導に当たった。
	教育相談担当教師の指導	教育相談担当の教師が専門的に指導に当たった。
	友人関係の改善の指導	友人関係を改善するための指導を行った。
	教師との関係改善	教師との触れ合いを多くするなど、教師との関係を改善した。
	授業、指導方法の工夫	授業方法の改善、個別の指導など授業が分かるようにする工夫を行った。
	意欲を持たせる活動の場の用意	様々な活動の場面において本人が意欲を持って活動できる場を用意した。
	保健室等への登校、指導	保健室等特別の場所に登校させて指導に当たった。
家庭への働きかけ	電話をかけたり迎えに行く	登校を促すため、電話をかけたり迎えに行くなどした。
	家庭訪問を行い指導する	家庭訪問を行い、学業や生活面での相談にのるなど様々な指導援助を行った。
	家族関係等の改善を図る	保護者の協力を求めて、家族関係や家庭生活の改善を図った。
他機関との連携	相談機関との連携	教育相談センター等の相談関係と連携して指導に当たった。
	病院等の治療機関との連携	病院等の治療機関と連携して指導に当たった。

4 今後の登校拒否問題への対応について

(1) 登校拒否問題への対応の基本的視点

① 第一は、登校拒否はどの子どもにも起こりうるものである、という視点に立って登校拒否をとらえていくことが必要であるということである。すなわち、現在元気に通学している児童生徒も、様々な要因が作用して登校拒否に陥る可能性をもっているという認識をもつことが、登校拒否の予防的観点から特に必要になってくる。

文部省の学校基本調査に見る「学校ぎらいにより50日以上欠席した児童生徒」以外にも、月曜日に休みがちな子ども、飛び飛びに休みがみられる子ども、夏休みなどの長期休業明けに休みがちな子ども、特定の教科の授業がある日に休みがちな子どもなど、50日以上とはいかないまでも学校を欠席しがちな子どももいる。また、遅刻を繰り返す子どもの中には、学業が思わしくない、友人関係がうまくいかないなどにより学校生活にプレッシャーを感じて学校に行きたくないという気持ちをもった児童生徒もいる。つまり、登校拒否は特定の児童生徒に特有の問題があることによって起こるといったようなパターン化して予測されるものではなく、児童生徒がある程度共通して潜在的にもちうる「学校に行きたくない」という意識の一時的な表出として登校拒否となるケースもあるということである。

② 第二は、いじめや孤立など友人関係の中で起こる子ども同士の葛藤、学業の不振、児童生徒の教師に対する不信感など、学校生活上の問題が起因して登校拒否になってしまう場合がしばしば見られることに留意する必要があるということである。

例えば、授業内容がわからない、授業の進度についていくことができないということが、学校に行きたくない、学校に行ってもつまらない、といったいわゆる学校ぎらいの気持ちを生じさせ、登校拒否になってしまうケースがある。また、児童生徒にとって友人関係がもつ意味や意義は極めて大きなものがあるが、このことがうまくいかず登校拒否になってしまうケースもある。

③ 第三は、学校、家庭、関係機関、本人の努力等によって、登校拒否の問題はかなりの部分を改善ないし解決することができるということである。

さらに、文部省の調査によると、登校拒否のきっかけとして全体の3割近くが「家庭生活での影響」を挙げている点に注目する必要がある。今日、家庭を取り巻く地域社会の変化、子どもの遊びの変化等により、子どもの調和的な成長を支える教育基盤が脆弱化しており、これらのために、子どもがたくましく生きる力を十分に身に付けられないまま成長している面もあることが指摘されている。このような状況の中で、学校が家庭の悩みや不安を受け止め、その心理的安定を図るなどの親身の指導を継続的に行った結果、保護者の子どもに対する意識が変わって、積極的に子どもの良さを評価するようになったために、児童生徒が徐々に変化し登校するようになった例もある。

④　第四は、子どもの自立を促し、学校生活への適応を図るために多様な方法が検討される必要があるということである。

　登校拒否の問題については、あくまで児童生徒の学校への復帰を目指し支援策が講ぜられる必要があるが、様々な登校拒否のケースの中には、子どもや親が何がなんでも学校に行かなければならないという義務感を抱く結果、それがプレッシャーとなり登校拒否の状態がかえって悪化してしまうケースが少なくない。例えば登校拒否が長期化し、あるいは不安などの情緒的混乱が強くみられ、学校がいろいろ努力をしても登校拒否の児童生徒の学校への復帰が困難であるような場合、当面学校の指導以外の他の適切な指導の方法も検討される必要がある。

　文部省では、現在教育センター等の学校以外の場所に登校拒否児童生徒を集めて、総合的な指導対応を行う「適応指導教室」の研究委託を行っているが、教育委員会単独で同様の事業を実施しているところも増加している。さらに、最近他の相談機関、その他民間においても登校拒否児童生徒を対象にした活動を行っているところが増えてきており、これらの中には、学校に行くことができない間、登校拒否児童生徒が学習する場になっているところもみられる。

⑤　第五は、子どもの好ましい変化は、たとえ小さなことであってもこれを自立のプロセスとしてありのままに受け止め、積極的に評価することである。

　上記にいう自立とは、子どもが社会の変化の中で主体的に生きていく力を身につけ、豊かな自己実現を達成していくことである。その力は一旦獲得されれ

ばそれで目的が達成されるというものではなく、子どもの成長発達の状況に応じ、絶えず高められなければならない。こうした自立する力の獲得によって、子どもは様々なハードル（課題）を乗り越えることができるのであり、学校はまさに児童生徒のこのような自立の営みを支援する場なのである。

(2) 学校における取組の充実

[1] 真の児童生徒理解に立った指導の展開——予防的対応のために——

　学校では、児童生徒の健全な成長発達を目指して各教師が日々様々な努力を行っている。しかしながら、学校において、例えば、教師が児童生徒の気持ちや心情を察することなく一方的に叱ったこと、児童生徒がいじめを相談しようとしたが教師が軽く考え真剣に話に耳を傾けなかったこと、児童生徒が必要以上の厳しい指導を受けたため学校や教師に恐怖心を持つようになったこと、教師が授業についていけない児童生徒を軽視するような態度をとったこと、など個々の児童生徒への細かい教育的配慮を欠いたり、画一的な指導を行ったため登校拒否となったケースなどが報告されている。また、学校や学級が知識や技術の伝達に偏った指導の空気を強く感じさせたこと、過度に厳しい校則があり運用に当たっても息苦しさや重苦しさを感じさせるものがあったこと、逆にいじめなどの問題傾向を持つ児童生徒への指導が十分でなく荒れた雰囲気となっていたこと、など学校の指導の在り方等に反発し登校拒否となったケースもある。このように教師の児童生徒理解が不十分なために指導に適切さを欠いたり、学校の不適切な指導方針や指導体制があったりしたため、登校拒否のきっかけを作ってしまう場合がある。

　そこで学校では、児童生徒一人一人の個性を尊重し、児童生徒の立場にたって人間味のある温かい指導が行えるよう、指導の在り方や指導体制について絶えず検討を加え、きめ細かい指導を行うことが必要である。そのため教師自身が、自らの指導の在り方、指導力について常に改善・向上を図るとともに、児童生徒をありのままに受入れ、共感的な理解をもって、児童生徒自身が自主性、主体性をもって生きていくことができるよう、きめ細かな指導・援助を行っていくことが求められる。その際、児童生徒との触れ合いを基盤として一人一人の児童生徒のよさに気付き、それをのばしていくことができるよう支援するこ

とが大切である。

① 自主性、主体性を育む観点に立った指導の重点

　登校拒否の児童生徒をみると、学校生活の中で、児童生徒が自分を生かせる場、個性や能力、自主性や主体性を発揮できる場を見い出すことができずに登校する意欲を失い登校拒否となったケースがみられる。学校においては、あらゆる教育活動の中で、児童生徒の自主性、主体性を育みながら、一人一人がたくましく生きていくことのできる力を養っていく必要がある。そのためには、一人一人の児童生徒が毎日の授業や学校行事、部活動などの中で、自らが「必要とされる存在」であることを感じることができるようにするとともに、自己を生かすことのできる場、自己実現を図ることのできる場をもてるように配慮する必要がある。

② 適切な集団生活を行い、人間関係を育てる工夫

　一人一人の児童生徒が楽しい学校生活を送ることができるよう、よりよい集団を育てることは、児童生徒が適応力を身に付ける上で極めて重要である。学級活動をはじめとして、特別活動の時間において、児童生徒が集団の中で好ましい人間関係を築いていく力、適切に集団生活に適応する力を身に付けることができるよう、指導・援助することが必要である。

　しかし、登校拒否の児童生徒をみると、友人関係をうまく保つことができずに悩んでいたり、いやがらせを受けていたり、仲間はずれにされたりすることによって登校拒否になってしまったケースがしばしばみられる。教師は、一日中教室の中で児童生徒と生活を共にするわけではなく、教師の目の届かないところで、こういったことが起こりがちである。また、教師の指導の在り方によっては、学級での集団のまとまり自体が強調されるあまり、一人一人の考え方や行動が制約されたり、自発性が失われたり、さらに、集団による個人に対する制裁的な作用が生じたりすることもある。学級集団の指導に当たっては、一人一人の児童生徒の意識や行動を十分理解したうえで、指導を行うことが大切である。

③ 学習指導方法及び指導体制の工夫改善

　登校拒否の児童生徒をみると、学習の内容が分からなかったり、学習の進度

第3章　不登校(登校拒否)の問題とその解決　　69

についていけなくなったりしたことが登校拒否のきっかけとなったケース、欠席がたび重なると一層学習が分からなくなるといった悪循環に陥って、登校拒否が長期化してしまったケースがある。

　児童生徒は、それぞれ多様な個性・能力、興味・関心等をもっており、一人一人の児童生徒の発達の課題を達成するためには、画一的・一斉的な指導のみではなく、個別学習、グループ学習、ティームティーチング等を取り入れたり、コンピュータ等の教育機器を活用したりするなど、個に応じた指導方法を工夫し、学習内容の理解の定着を図っていくことが大切である。また、登校拒否の児童生徒を見ると、例えば、小学校で学級担任が代わった際担任教師の指導方法の違いに違和感を抱き欠席がちになったケース、校則をめぐる教師間の指導の仕方の相違から教師への不信感をもち登校拒否となったケース、校内暴力が起こるなど学校の生徒指導体制が不十分であったために登校拒否となったケースなど、指導の在り方に対する教師の共通理解が不適切であったりしたことがきっかけとなったケースがみられる。

　学校においては、校長が登校拒否の問題を重大な教育課題としてとらえ、児童生徒が登校拒否に陥った場合はもちろんのこと、日頃からリーダーシップを発揮して、教師の指導力の向上を図るとともに生徒指導部などの指導組織が登校拒否児童生徒についての理解と対応力を高めつつ、機能的に指導力を発揮できる指導体制を作っていくことが大切である。その際例えば、

ア　学業不振、欠席がち、いやがらせを受けている、といった問題を抱えているすべての児童生徒の情報を敏速かつ的確にとらえ、共有できるよう教師間での情報交換の場をつくる。

イ　児童生徒の心身の健康の保持増進に日常携わっている養護教諭と連携して多角的な対応をする。

ウ　校内研修、職員会議、学年会等の場において事例研究を計画的にすすめる等により、実践に基づいた教師間の共通理解を図る。

エ　児童生徒理解や指導・援助の在り方について校内研究の主題に取り上げるなどして、基本的な研究を行うことなどが考慮される必要がある。

④　主体的な進路選択能力の育成を目指す進路指導の充実

進路指導は児童生徒が自己理解を深め、個性・能力を慎重し、自己の将来の生き方を考え自らの人生の方向を設計し、その実現を図るための指導・援助である。学校においては、児童生徒が社会の変化に主体的に対応できる力、自らの将来に対して目的意識をもって生きる力、生涯にわたって自己実現を図っていく力や態度を養うため、発達段階に応じた適切な進路指導を行うことが必要である。これは、中・高等学校のみならず、小学校段階から配慮すべきことである。

　しかしながら、実際には、学校によっては本来の進路指導となってしまっているところもある。そのことは近年、高等学校などに進学した後で、その学校での生活になじめなかったり、充実感をもてなかったりして登校拒否になったりするケースがみられることにも現れている。

　中学校での進路指導では、すべての生徒が進路を決定して卒業してほしいという強い意識があることや、実際の受験の機会に制約があることなどから、いわゆる中学浪人を出さないため、結果として学力偏差値に見合った高等学校の受験を勧めがちである。生徒の中には、このような傾向に反発を感じ学校に対する信頼を無くしている者、受験の際の調査書、報告書などの記載を意識し学校生活を送る上で負担を感じている者、目的意識をもつことができず将来の進路に対する不安をもっている者、など問題を抱え悩んでいる生徒も多く、そのことがきっかけで登校拒否になるケースもある。

　学校においては、生徒がいかに生きていくべきかについて自分なりの考えをもち、主体的に適切な進路を選択することができるよう、例えば、様々な進路先やその内容、特質などのグループ調査や発表、先輩や社会人の体験発表、高等学校等への体験入学、進路に関する不安や悩みの相談に応じる体制などの工夫も採り入れ、学校全体で計画的、組織的、継続的な進路指導を行っていく必要がある。

　⑤　児童生徒の立場に立った教育相談

　学校における教育相談活動は、特別な心理診断や心理療法などを行うことに意味があるのではなく、一人一人の児童生徒をありのままに受け止め、その良さや積極面を評価、理解し、児童生徒がそれを伸ばしていくことができるよう

第3章　不登校(登校拒否)の問題とその解決　　71

援助することである。このような教育相談が行われるとき、登校拒否となっている児童生徒や保護者が抱えている悩みや問題等の解決に、また、登校拒否の前兆を早期に発見するなどに大きな役割を果たすこととなる。特に、学級担任の教師は、児童生徒に最も身近であり、日頃から触れ合い、かかわり合いをもつ機会が多いため、教育相談に果たす役割も大きい。しかしながら、学校では、登校拒否の解決を担任の教師や生徒指導担当教師だけの課題に終わらせることなく学校全体の課題としてとらえ、教育相談の充実に取り組むとともに、教師の児童生徒と日頃から積極的なかかわりをもち、温かい人間関係をつくり、児童生徒が悩みや問題を気軽に相談できるような雰囲気づくりに努めることが重要である。同時に、悩みを抱える児童生徒をありのままに受け止めるという包容力の大きい姿勢をもつことが大切である。例えば、定期的に相互信頼のための個別面接や教育相談を行うなかで児童生徒がいやがらせを受けていることがわかりこれを解消したケース、友人関係がうまくいかないなど悩みをもっていた生徒が相談することによって心の重荷が除かれたケース、授業が分からないため欠席が多くなってきた児童生徒が相談を行うことによって、無理のない学習方法を見い出し学習への興味を回復できたケースなど、学校での相談が児童生徒の立ち直りに大きな役割を果たしたケースがしばしばみられる。

　教育相談は、教育相談室で行うものばかりでなく、様々な教育活動の中で、状況に応じて積極的に柔軟かつ適切に展開することが望まれる。授業時、休み時間、給食時・昼食時、放課後あるいは、保健室に来ている時等様々な機会に示される児童生徒一人一人の表情や言動等が意味するところを見逃さないという姿勢をもって、教育相談を進めることが大切である。面接以外にも交換ノート、作文、読書、心理劇等を通じた教育相談。スポーツやゲーム等を通じた教育相談など多様な方法が考えられる。

　⑥　開かれた学校
　ア　学校と保護者とのかかわり
　学校においては、いわゆる「開かれた学校」という観点に立って、学校や児童生徒が抱える問題について家庭や地域社会の人々と率直に意見を交わし合うなど、意義のある連携を深めていくことが大切である。

このため、まず、学校と保護者との間に、共に子どもの豊かな成長発達を見守るという視点に立って、真の協力関係が築かれることが大切である。例えば学校では児童生徒に問題行動があると保護者との面談を行うことが多いが、保護者との面談の際に、「協調性がない」、「過保護である」、「ルールを守らせよ」など児童生徒や保護者の問題点ばかり指摘したり指示が多くなったりしがちである。保護者も一方的に責められるのでは、仮に自分に問題を感じていても、学校の指導に反発し、距離を置き結果としては不信の念を抱くことになる。

　このような場合、まず、保護者の気持ちを受け止め、その上で共に考えるよき協力者としての助言・指導を行うべきである。また、例えば、近くの公民館を借りて保護者との懇談会を積極的に開く、特技をもつ保護者にボランティアとして部活動等の指導に参画してもらう、保護者の悩みや建設的意見には即時に対応するなど、保護者と学校がコミュニケーションを図り、共に協力し合える手立てを工夫し、学校や児童生徒の抱える問題について率直に話し合えるようにすることが大切である。

　特に登校拒否の前兆としての行動や態度は、家庭生活に表れることが多いため、友人や学校についての訴えなど、学校で十分に察知できない実態の把握について、学校は家庭と緊密に連絡を取り合う必要がある。例えば、学校でいじめに遭い登校拒否となったことに教師が気付かず、保護者がこれを発見して学校に連絡したことが解決のきっかけになったケースがある。

　学校においては、こうした意思の疎通が十分できるよう家庭との信頼関係を日頃から作るように努めることが大切である。

　　イ　学校と地域とのかかわり

　学校は、ともすると教育の責任を意識するあまり、学校の中の問題は、学校の中だけで解決しようとし、問題が大きくなってから保護者やPTAあるいは関係機関の協力を求めるという傾向に陥りがちである。児童生徒の望ましい人間関係を図っていくためには、できるだけ学校運営に対する学校外の人々の建設的な意見に耳を傾けたり、日頃から学校の教育方針等について保護者や地域住民の理解や協力を求めたりしていくことが必要である。また、学校は地域に理解を求めるだけでなく、例えば、社会教育団体あるいは青少年地区対策委員

会など地域における子どもの集団的な活動や遊びを通して人間関係を深める活動などに、積極的に協力していくことなども必要である。そうすることによって様々な要因をもつ登校拒否の解決を図るために、新たな視点に立つ方策が生まれることも期待できる。

登校拒否の問題の根本的な解決を図るためには、保・幼・小・中・高等学校の関係者が集まり、成長過程という一つの流れのそれぞれの発達段階における議題を話し合ったり、お互いの情報交換を通して、普段はわからない他の発達段階の子どもの実態や指導の在り方等について理解を深めることが大切である。そのためには、合同で学習指導や生徒指導の連絡会、研究会、研修会、などを行うことも必要である。また、福祉をはじめ様々なボランティア活動、青年の家などの社会教育関係者のプログラムが登校拒否児童生徒の学校への復帰の支援に成果を上げている例もみられる。関係者相互の十分な理解の下に、このような連携協力を行うことも意義のあることである。

　ウ　家庭との連絡を密にした対応

登校拒否となった児童生徒の家庭には、保護者との面談などを積極的かつ円滑に行うなど連携を緊密にする必要がある。その際、学校は保護者の気持ちや悩みを十分に受け止めながら、児童生徒の立ち直りには学校と家庭の協力関係が極めて重要であることを保護者に理解してもらうよう努める必要がある。

登校拒否の状態が継続し、児童生徒が家にこもることが多くなると、教師がその児童生徒の状態を把握することは困難になってくる。この場合、たとえ児童生徒に会うことはできなくとも、学級担任をはじめ学校の教師はできる限り家庭訪問や電話連絡により保護者と話し合うなどして、その児童生徒の心理状態や生活実態等の把握に努めるとともに、学校が絶えず児童生徒本人を心配していること・大事に考えていることを本人に意識させるようにすることが大切である。なお、教師の訪問や連絡に対して保護者が不安感や拒否感を示すこともしばしばあるので、学校は家庭の不安やプレッシャーを取り除き子どもに明るく接することができるよう支援することが大切である。

児童生徒の状態によっては学校の状況を気にすることもある。このような時にはタイミングを的確に捉え、保護者や教師が学校に一緒に行き、外から活動

を見る、保健室に行く、あるいは好きな活動に参加させるなどの柔軟な対応が必要である。

　また、登校拒否となっている児童生徒の家庭を訪問しても親が常時不在で相談できなかったり、家庭における養護に無理解であったり、会うことを拒絶されたりするケースも出てきている。こういった場合は、プライバシーに十分配慮しつつ児童相談所、児童・民生委員、ケースワーカー等福祉関係者の協力を得て相談や指導に当たることも必要である。保護者と子どもとの関係の改善を図ったり、保護者が子どもの問題を理解し養育態度を改善したりすることにより、子どもが立ち直るケースも多いため、子どもの養育姿勢に問題があると考えられる家庭に対しては、学校として必要な助言を行うことが大切だが、その際にも、上述のように家庭と共に悩み、共に歩むという姿勢を忘れてはならない。

[2] 登校拒否児童生徒への対応
① 教師の意識啓発と指導力の向上

　一人一人の教師には、登校拒否はどの子どもにも起こりうるものとの視点に立ち、児童生徒や保護者の悩み、苦しみをありのままに受け止め、それを自らの心の痛みとして捉える姿勢が求められる。

　また、学校における登校拒否問題への対応に関して、既に指摘したとおり、教師の生徒理解や指導の不十分さから登校拒否に陥ったり、再登校しても再び学校に行けなくなることがある。「とにかく登校させてください」と、家庭にのみ努力を求めるケースや家庭の養育態度を批判するのみでアドバイスもなく保護者の信頼を失うケースなど、児童生徒への基本的な対応の在り方に問題が見られるケースも多い。

　一方、欠席がちな児童生徒の指導に際し、その保護者が必ずしも登校拒否と考えていないにもかかわらず、保護者に対し登校拒否と決めつけることによって、かえって、不安を増幅するばかりで問題解決を困難にすることもある。他方、登校拒否のケースによって専門的対応が必要であるからといって、相談を受けると即相談機関を紹介するといった姿勢もまた、教師の指導の責務の放棄との批判を招くものである。児童生徒を見守り成長を促していく専門的な場はとりもなおさず学校である。社会の学校に寄せる期待に応えるためにも、一人

第3章　不登校(登校拒否)の問題とその解決　　75

一人の教師は改めて登校拒否問題を教育上の重要な課題と受け止め、人間味のある温かい対応を行うことが必要である。

　そのため、各学校においては、登校拒否問題についての校内研修や事例研究会等を積極的に行うなどして、教師の意識の啓発と指導力の向上に努める必要がある。

　また、登校拒否問題に対しては、単に学級担任など個々の教師のみが対応を行うのではなく、全ての教師が一致協力してして取り組まなくては、その解決は困難である。したがって各学校においては、問題に対する指導の基本方針、指導方法について、教師間の十分な共通理解を図る必要がある。また、個々の問題の対応に当たっては一人一人の教師の個性や特性を生かした方法により、相互補完がなされ、共通共同の実践となるよう体制づくりに努める必要がある。

② 登校拒否児童生徒への対応に当たっての留意点

ア　早期発見、即時対応

　文部省の学校基本調査では50日以上の「学校ぎらい」による長期欠席者と把握しているが、欠席日数が50日未満の児童生徒のなかにも登校拒否傾向をもつ児童生徒がかなりいることが一部の市町村等の実態調査で指摘されている。この中には、長期の登校拒否に陥ることなく再び学校生活に復帰・適応しているケースがあると考えられる一方、登校拒否が長期化する前兆であるケースも含まれている。これらは、児童生徒が欠席がちになるなど何らかの登校拒否の前兆、あるいは長期化する前の段階で学校が適切な対応を図ることが極めて重要であることを示唆しているといえる。したがって、学校、特に学級担任や家庭は、登校拒否となる何らかの前兆や症状を見逃さないよう常日頃から子どもの様子や変化をみていくことが大切である。遅刻がちになったり、欠席がちになってきた時はもちろんのこと、授業中の態度に元気がなくなったり、友人と交わらないなどの変化に気付いた時は、速やかに、学校や家庭において適切な対応をとる必要がある。

イ　一人一人の児童生徒を大切にした対応

　早期に登校を強く促し、あるいは励ますことにより立ち直るケースが特に低年齢の児童の場合や軽い情緒不安タイプの場合に多くみられる一方、閉じ込も

りなど精神的に不安定な状況がみられる時に、登校を強く促したことがかえって事態を悪化させるケースや、逆に働きかけをしない方がよいといって何もせずに立ち直りを困難にしてしまったケースもあるので、登校拒否のタイプ・状況には十分注意する必要がある。すなわち、一つの対応方法がすべてのケースについて効果をもつものではなく、実際の指導に当たっては、児童生徒の年齢、性格、登校拒否の態様等を総合的に判定・判断し、その結果をもとに児童生徒の状況に応じた具体的な対応方法が検討されなければならない。また、学校が対応を行うに当たっては、児童生徒や保護者との間に信頼関係を有している教師が対応に当たるよう配慮することが大切である。

　登校拒否のタイプの中でも、いじめや暴力のために登校を拒否する児童生徒はもちろんのこと、遊びや非行グループに入って学習意欲をなくす児童生徒、学習不振から無気力傾向になるような児童生徒などに対しては、まず、学校において十分な指導対応が必要なものであることを理解する必要がある。各学校において的確な対応をするためには、個々の児童生徒についての教育相談記録（時系列・累加的相談記録表）を作成するなどして、登校拒否の児童生徒一人一人の状況を詳細に把握するように努めることが大切である。

　その際には、児童生徒の秘密の保持にも留意しつつ、校長が指導性を発揮し、学級担任だけでなく、生徒指導担当教員や養護教諭等も含めて、関係教師の対応が客観的・具体的に記録されることが大切である。このような対応が指導チームをつくるなど、教師間の連携を図った機能的な指導を可能にすることになろう。ただし、児童生徒が特定の教師だけを信頼して悩みを打ち明けることもある。このようなケースでも他の教師と連携した対応が必要な場合があるが、当該児童生徒とその教師との信頼を崩壊させるようなことがないような気配りをした連携が望まれる。

　ウ　専門機関への協力要請

　登校拒否が長期に及び、家に閉じこもる状態が日常化し、次第に昼は寝て夜は起きているといった昼夜が逆転した生活を送るようになったり、学校のことに触れると激しく抵抗する、物を投げつける、家族とも話をしなくなったりするような時には、学校が指導・援助の手を差し延べることがもはや難しい状態

になる場合がある。このような状態に陥りそうな場合には、適切な時期をとらえて、教育センター、児童相談所、精神・神経科や小児科などのある医療機関などの専門機関に相談して適切な対応をとる必要がある。その際には保護者に対し、専門的観点から適切な対応をすることの必要性を助言し、理解を得ることが大切である。また、学校は当該児童生徒が他機関において指導を受けている間の状況を十分フォローアップすることが大切であり、可能な限り関係機関に出向いてその指導状況を把握するなど、学校が指導を他機関任せにすることのないように留意しなければならない。

③ 再登校の指導に当たっての留意点

登校拒否になっていた児童生徒がやっとの思いで登校してきたのにもかかわらず、学級の他の児童生徒にからかわれたり、冷たくされたりしたために疎外感を抱き、再び登校拒否になってしまうケース、指導担当教師以外の他の教師の過剰な気遣いや励ましのためにかえって圧迫感を覚えたり、さらには校則の画一的な適用を性急に行ったりしたために、再び登校拒否になってしまうケースなどがみられる。また、再登校後、学習の進度についていけないため、再び登校拒否になってしまうケースもしばしばみられる。

そこで学校においては、登校拒否となっている児童生徒がいつでも安心して登校できるよう、放課後や昼休みであっても児童生徒を受け入れられる状況づくりに努めるとともに、学級の集団の成員間に普段から他者の心の痛みをわかり合えるような人間関係が作られているように努め、温かい雰囲気のもとに自然な形で迎え入れられるよう留意する必要がある。このためには児童生徒の習熟の程度に応じた無理のない学習課題を与えたり、補充指導を適宜工夫したりするなど、学習への負担感を軽減しながら、学習の効果を徐々に高めるといった配慮が大切である。また、いきなり通常の学級に戻ることが困難な児童生徒に対しては、まず、保健室や校長室、図書室への登校を配慮したり、相談室など児童生徒のための場を学校内に設け、そこで個別に教育相談や学習指導を行いながら、徐々に学校生活への適応力を高めていくような指導上の工夫を行うことも考慮すべきである。

そのため、担任教師だけでなく、関係するすべての教師がその児童生徒の状

況を十分に承知し、指導上の留意点について共通理解を図るなど十分な配慮をもって対応する必要がある。

　[3]　教育委員会における取組の充実
　[4]　国における取組の充実
　[5]　関係機関等との連携

第2節　「登校拒否（不登校）」の概念の変遷[3]

　アメリカの医者A.M.ジョンソン（Johnson）が、1941年に「学校恐怖症（school phobia）」を使用、「大きな情緒的不安のために登校できないでいる一群の子どもたち」について臨床報告をした。この報告では、「恐怖症を中心にした子どもの神経症であり、そこにはヒステリー・強迫神経症などの神経症的傾向が混在することがみられる」、と書かれている。さらに、彼はこの不安を中心とした状態が発生してくる要因を次のように精神分析的に説明している。

① 子どもに生ずる急性不安は、子ども自身の身体的疾患、弟・妹などの誕生によって誘発されてくる情緒的混乱を伴う不安である。

② 母親の不安によって引き起こされてくる子どもの不安。これは経済的破綻、不幸な結婚生活、母親自身の各種疾患などによって引き起こされる。

③ 母子関係そのものが未熟であることからくる不安。「学校恐怖症」は表面的・現象的な表現であり、本質的には「分離不安（separation anxiety）」があるのである。

　母子双方に強い不安がある場合、特に母親の子どもに対する誘惑的態度も加わって、子どもの母親に対する強い依存性を強化することになる。またこの事実は、子どもの母親に対する敵意、攻撃性までをも抑圧させ、心理的・物理的に母子間の結合が強まることになる。このような状況のなかで、教師による叱責、同級生との交流の過程で生ずる混乱、学業の失敗などによって、母親に見捨てられるのではないかという恐怖心が生じてくる。このような子どもの深層心理が、学校、教師などに置き換えられる。この「学校恐怖症」論は、古典

的・伝統的なものとして、その後も様々な形で継承されている。

　アメリカにおいて、このような病理的現象は1945年から1960年にかけて約13倍の増加を示した。このような状況の中で、「学校恐怖症」ということばは「学校拒否（school refusal）」ということばに一般化されていった。その背景には、様々な理由が考えられる。たとえば、分離不安による説明は、一般的にいえば幼児、小学校低学年児童についてできることであって、それ以上の年齢の子どもを対象とする場合、その不安だけでなくその他の様々な要因を考慮に入れなければならないという臨床認識が深まっていった。

　母子関係の在り方、母親の性格などで解明できない問題も多く、父親の神経症的傾向、家庭内での役割の不十分さなどもその原因と考えられることも多くなってきた。要するに、「家族神経症」(family neurosis)という考えが登場することになった。

　その後、「登校拒否」の子どもたちに対する臨床的経験が深められるにつれて、それらの分類・類型化が試みられるようになっていった。

　その内の一つは、「登校拒否」を「神経症群」と「性格障害群」とに分類しようとするものである。「神経症群」には年少児が多く、「性格障害群」には年長児が多く見られる。しかし、この分類は単に急性か慢性かの差にしか過ぎない、また基本的な精神力動は不安であるとする点で意味がない、とする異議もある。

　もう一つは、「登校拒否」の「中核群」というとらえ方でその状態像を積極的に明確化しようとする試みがある。そこでは、①　持続的に、頑固な登校拒否を示す、②　診療に対して拒否的である、③　登校拒否以外の神経症症状に乏しいもの、の三点に要約される。この分類は、「登校拒否」というものが従来の「疾病単位としての神経症」に必ずしも当てはまらないと考えるなら、一つの新しい示唆ともいうことができる。

　1970年代に入る頃から、これまでの「学校恐怖症」「登校拒否」に代わって「不登校」(non-attendance at school)が使用されるようになった。そこには、「登校拒否」をめぐる精神医学的・臨床心理学的な枠組みの中での臨床的諸体験を改めて捉え直していく過程があった。「不登校」は、共通して「特別の事由なく、保護者の勧めにもかかわらず、持続的に登校しない現象一般」を総称

したものである。

　ここで、「登校拒否」に関する臨床的認識を整理してみよう。
① 　「登校拒否」の現象は、他の多くの精神障害のように、それなりの精神病理学的特性をもっている「疾患単位」「症候群」などとはいえない。
② 　「登校拒否」になりやすい性格特性、あるいは特異的な家族病理的環境などを抽出することはほとんど不可能である。確かにこれまで、「登校拒否」児の性格特性として無口、非社交性、おとなしさ、神経質、自己中心性、情緒的発達の未熟などが指摘されてきた。これらの指摘は、「登校拒否」児との交際を通して知られる彼ら自身の存在によって、否定される。たとえば、豊かな感受性、知的にすぐれていること、しっかりした自我の発達などを示す子どもも大勢いる。「登校拒否になりやすい性格」と一方的に決めつけられてきたものは、一般的に現代の子どもたちに多かれ少なかれ共有されているものである、といった見方が実際に即している。
③ 　「登校拒否」と呼ばれる現象は、わが国においては昭和30年代後半ごろから「臨床的事実」として登場するようになり、現在に至るまで増加し続けている。しかし、そこには少なくとも、精神科医のいう広い意味での精神病理学を中心とした「診断的枠組み」のいずれかにはいるような「症状」ではない。しかも、このことばはあまりに拡散的に使用され過ぎている。
「登校拒否」児との接触によって次のことが分かってきた。
① 　本人は、多かれ少なかれある種の「罪悪感」「うしろめたさ」を感じているか、感じさせられている。
② 　親たちは、現代の"教育という流行"に毒され過ぎていることも手伝って、不安・焦りなどを強く感じさせられている。
③ 　多くの教師たちには、「とにかく学校に連れてきてください」「家庭のしつけが不十分なのでこのようになる」などといったことばを多用する傾向がみられる。
④ 　医学的枠組みの中では、「神経症」「自律神経失調症」などといった多様性に満ちた診断の下に、薬物投与あるいは状態によっては精神病院などに隔離・収容される。一方、臨床心理学的枠組みの中では、"受容的態度"

第3章　不登校(登校拒否)の問題とその解決　　81

を母親に奨励して混乱的な退行を促進してしまったり、"自我を強化する"ことを目的とした再教育的指導、専門家自身の自己満足のためとしか思えない、漫然とした儀式的な諸種の心理療法、"矯正"を目的とした教護的訓練などが行われている。

「登校拒否」は、「非常識な、困った行動であり精神的に異常であったり、性格的にも弱いために起こってくるものであり、反社会性すらもつものであるから、治療・矯正などの対象になるのはやむをえない」と一般には考えられている。

河合洋発達医学研究所所長の「登校拒否」児の予後調査によると、次のようになる。

①　「登校拒否」とされた者……大半は一過性のものであり、個人面接などの印象では、むしろ一般の青年以上に「しっかりした自分」をもっている。

②　進学・再登校している者……中には定時制高校、通信教育、夜間中学校などに在籍している者が含まれる。しかし、いずれにしても、彼らは「目的をもった生活」を送っている。また、大学進学をした者の中で、正規の高校課程を修了したものは、中卒、高校中退の学歴で「大学入学資格検定試験」に合格している。

③　予後不良な者

　(a) 社会適応が悪く、自立しえていない者、とされる大半の者は、在宅をつづけ、ほとんど外出もせず、昼夜逆転的生活など不規則な日常生活を送っている。また、「家庭内暴力」を起こす者がかなりいた。彼らには、「ひねくれた依存性」あるいは「混乱した自己像」などと表現しうる性格形成上の問題がみられる。一方、彼らを取り巻く親やおとなたちは、「必要以上のいらざるお節介」「拒否感・嫌悪感を押し隠している過保護的態度」などをとる。

　(b) 「精神分裂病」の者

　(c) その他

彼によると、「登校拒否」は「一過性の思春期反抗」の一つの表現型である。その「反抗」については、一人一人の子どもにとって微妙なニュアンスの相違を伴う意味が込められている。

第3節　不登校（登校拒否）生徒との関わり

　登校拒否に関する認識は、現在ある到達点にまで達しているといわれる。すなわち、子どもが成長過程において挫折体験を経験しているのであり、これは一つの成長体験である。子どもが自覚し、自分で対決し克服することができるように周りが支援してやることが教育的指導である。この認識から、子どもたちを理解していくことが教育の根本である。登校拒否生徒の指導に当たっては、登校拒否とは何かという本体論を把握しておくことが必要である。本体論について、校長はじめすべての教師が一致した観点を持つ必要がある。いいかえると、指導については、まとまった考えをする。一致した考えがない場合、指導方針が変わってくるので、協力してまとまった考え方をする。先生方が話し合い、担任の考えを十分に発揮してもらい専門家とも十分に協議して、先生方のものの見方を一致させ、個人的には関わらないようにする。ところで、登校拒否生徒の指導とは何かについて考えてみよう。この指導は、学校復帰にあると考えるなら、この指導は子どもが不安定状態から脱して、安定した状態に復帰したとき可能であると考えることができる。登校拒否の各タイプに応じて、指導することが大切であることは言うまでもなく、特に思春期にある中学生は必ず精神科の医者と相談しておく必要がある。登校拒否の状態に入る子どもは、ほとんどの場合学校に不信感を抱いている。不安定期が時間とともに落ち着いてくると、この問題は最終的には自分の問題であることに子どもたち自ら気づくようになる。

　すると、教師は何をすればよいのか。登校拒否生徒にはごく初期の段階では、共通して精神的な動揺がみられる。そこで、まず、子どもを安定させることが大切である。具体的には、子どもが嫌がること嫌いなことは口にしない。（子どもへの十分な配慮が足らないために、子どものあら捜しを教師はしがちである。それによって教師は子どもの欠点を正そうとする性質をもつ。）次に、学校という言葉を出さない（登校刺激を加えない──刺激ということでは、教師の安易な家庭訪問は慎むべきである──刺激を加えても、子どもが反応する場

合は許される）。

　教師は何をすればよいか、ということに対して、まず考えられるのが、
　(1)　家庭訪問である。これはできるだけすることを心がけるべきであるが、学校の話題は避けることが必要である。とりわけ、両親とは十分に話し合うことが必要である。親への対応は十分に注意することが大切である。というのは、両親自身悲しみや苦しみを登校拒否の生徒に負けないくらい体験しているからである。このことを担任教師は理解しておくことが必要である。すなわち、①　よく聞く、②　分かる、③　苦しみを共有する（教師は親の悩みを聞く）。次に
　(2)　担任の温かい心を伝える、ことが重要である。担任は、指導のポイントとして、①　子どもの心を開く、②　信頼感（担任の先生に心を開く）、③　担任の心を伝える（訪問、電話、連絡レポートを出す〔プリント〕、母親と話す──見捨てられた体験〔親がもつ〕──これは強烈なマイナス要因になる）、を意識しておくこと。
　指導については、これまで述べてきたように、学校が中心で相談機関と家庭とが協力して取り組むことが大切である。具体的には、担任・養護教諭・心理治療士それに親がスクラムを組んで実施することが重要である。登校拒否の初期の段階は、相談機関が中心になって良くなりはじめたら学校が中心になって指導をしていくことが大切である。そこにはいつも学校の精神的支えがあることが望ましい、この支えは、とりわけ母親や子供にとってすばらしい精神的支えになるからである。「子供の目の前の苦しみを取り除いてやる。」ことを心掛けていかなければならない。
　教師は子どもの目の高さで対応すること（精神的な意味をもつ）によって、子どもが心を開くようになるように指導する。子どもの真の指導者になるためには、子どもの世界に入ることである。これは、とりわけ男性よりは女性教諭の方が適していると言われる。それは、子どもと共に動くことができるからである。男性教諭であっても、例えば漫画ことばで子どもと会話が出来るあいだは子どもと接することはできるのである。教師はいつも若さを保つ訓練をすることである。
〔学校へ行っていない状態〕

(1) 経済的または親の教育的関心の貧困によるもの

教育に対する親の無理解や、家庭の経済的貧困のために学校に行けない子ども

(2) 心身の疾病によるもの

身体的に虚弱であるとか、慢性の病気をもっていたり、また精神的な病気があるために学校に行けない子ども

① 身体疾患、障害によるもの

② 精神障害によるもの

(3) 精神遅滞または重い学業不振によるもの

知能の発育の遅れや学習障害などのために学習の課題についていけなかったり、学習に興味がもてなくなって学校に行けなくなる子ども

(4) 心理的理由によるもの

主として、人間関係の不調による心理的な不安や葛藤のために学校に行けない子ども――① 「学校に行きたいが、どうしても行けない」状態になる子ども、② 「横着休み」や「非行」に走り、学校に行かない子ども、③ 学校へ行く意志がなく「無気力」のために学校へ行かない子ども、④ 学校が子どものニーズに対応できていないことから、学校を回避する子どもなど

① 神経症的登校拒否――分離不安型、自己喪失型、性格未熟型

② 非行、怠学的登校拒否

③ 無気力的登校拒否

④ 学校回避的登校拒否

(5) 合理的・客観的事由によるもの

誰からみても学校へ行かない明らかな事由がある場合、例えば、友達に暴力を振るわれているとか、ひどいいじめにあっていて学校に行けない子ども

(6) 意識的意図によるもの

学校に行く意義を認めず、自分の好きな方向を選んで学校へ行かない子ども

(7) 一過性のもの

転校などで学校になじめないために、一時的に学校へ行けない子ども

第4節　不登校生徒と不登校克服の過程(ある体験的実例の紹介)

　不登校という子どもの登校拒否は、ある日突然のごとく一家に訪れる。子ども(当時12歳の女子、中学校入学直後)が、体力測定がある当日登校時間に洗面台の前で「学校に行きたくない」と母親に言った。母親は突然の子どもの訴えにうろたえ始めた。母親は学校に行けない理由が分からず子どもにいろいろ尋ねるが、一向に埒が明かない。ついに父親にこの状況を大声で訴えはじめた。父親は、母親から話を聞いた上で、娘に行けない理由を尋ねる。父親も娘の説明にならない説明を聞いても理解できない。入学式から一週間しかたっていない時で、多くの生徒は中学校生活に溶け込もうとして不安の中、期待の中、中学校に通う。しかし、この子は不安(後に解明できたことであるが)が強く登校できないでいた。時間をかけて父親は娘に行けない理由を聞いてみた。このこと自体、後に父親はある意味では不登校を解決するためには障害になったと考えることになった。父親はこのような状態の解決策を模索することになった。その上で、まずは当日の学校には娘が行かないことを認めることになった。そこで夫婦で話し合って父親は母親に担任に(当時30歳代の体育教師、担任は2年目)「今日は学校休みます」と連絡するように依頼し、母親はそれを実行した。その日は一日中自室にこもって心不安な状態で過ごしたという。この日は本人を含めて家族全員娘に何が起こったか理解出来なかった。

　翌朝娘の状態は前日よりも悪い状態であった。娘とコミュニケーションをする努力を両親は試みるが埒があかない。ところで、この家族構成は父(46歳)、母(42歳)それに父の祖母(95歳)の4人である。父は、すでに20年近く単身赴任である。今では月曜日から土曜日まで赴任先で仕事にあけくれ家には帰れない状態であった。父の仕事は、大学の教員(専門は教育哲学で、教職課程担当)である。母は地元でマスコミの仕事をしている。祖母はこれまで茶・華道の師匠として活躍し当時は高齢のため足の大腿骨を折ってあまり外出出来なくなっていた。父の不在中は、三人が一つの家で生活を共にしていた。母は祖母との同居がうまくいかず悩んでいた。

やっと三日目になって、娘は学校に行けない理由を「男の子に掃除している時箒を投げられた」ことによって男の子が怖いと両親に告げた。いわゆる、いじめによって学校に行くことができなくなったという。それで、母は欠席の理由を担任教師に伝えた。担任は、その時点で出来るかぎりのことを試みた。具体的には、毎日の連絡（学校と家庭、娘は担任教師からの電話に出られなかった）、家庭訪問、校長への連絡などである。この時点では、家族はじめ担任教師とも長期欠席になるとは思わなかった。明確な欠席の理由も分からないまま、欠席が続き一週間があっというまに過ぎ去ってしまった。娘は今となって冷静に判断できるが、その当時異常に疲労していた。そのため、毎朝の苦痛な時間（登校時間）が過ぎると自室で睡眠していることが多かった。祖母（正確には、曾祖母）はもう高齢で昼間母親が仕事に出ている時、祖母のやり方で娘にコミュニケーションを試みた。しかし、祖母の体力が以前のようにはなく娘の部屋が２階のためほとんど顔を合わせることができない状態であった。祖母はこの子の誕生以来殊の外可愛がっていた。小学校時代には、多くの子どもたちが経験するように、小さな問題（子どもにとっては重大な問題であるが）があると神経質な子どもは翌日学校に行こうとしない、それと同様にこの子どもは翌朝学校に行くことを拒否することがあった。その時、祖母は主として娘を脅すこと（たとえば「学校に行かないと校長がむかえに来てよ」という）で学校に行くように強要した。これは何も祖母を責めているのではなく祖母の育児方法が今の時代には適していないのであるが、祖母としては娘を何としても学校に行かせようと努力していたのである。これはやがて子ともの成長とともに祖母の方法は効果がなくなった。せいぜい小学校時代はこの方法が通用したが、中学校に入学すると、脅す方法は効果がまったくなくなった。

父は、この時点で娘との接触の回数を多くするようにさまざまな試みをする一方積極的に専門家（心理学・カウンセラーの先生方少なくとも４人以上）に相談、また中学校に出向いて担任教師に相談、担任は校長にも事の説明をした上で父に校長と相談する場を設けた。父は、日頃大学生に講義の中で学校の病理の問題、不登校・校内暴力・いじめなど解決に困ったとき専門家との相談をすることを説いていた。それを自分の場合にも適用したのである。しかし、専

門家との接触は父親が予期したものにははるかに遠く、その時点では、カウンセラーや医師のほとんど両親にとって中味のないアドバイスは意味の無いものであった。

　担任教師との連絡は毎日のように繰り返した。しかし、娘は担任を完全に拒否し、教師がたびたび家を訪問したが、最初の日少し話したようであるが、それっきりであった。その後、担任とは、公立学校を止めるまで会うことはなかった。娘は、小学校の時から運動に関してはあまり興味を示さず、能力があるのに運動が嫌いになった。能力がある証明は、運動会では徒競争では毎回のごとく先頭を走っていた。また、ソフトボールでは、バッターとしては大きな当たりをするが、守備にはいっこうに興味をもたなかった。最も父親が後悔しているのは、新生児3か月の検診の時、軽い股関節脱臼の診断を受け、運動選手には向かないと医者に言われ、それ以来娘には運動は楽しむ程度のスポーツとして取り組むように言い聞かせていた。これは、あまりに早い決断だった。有森選手のように幼児期に股関節脱臼の診断を受けて逆に発奮して走り続けマラソンの選手になり世界的に有名になった。今思うに、父親にもう少しの勇気と決断があれば違った展開が見られたかもしれない。

　それはさておき、娘は体育が嫌いだけでなく体育の教師も好きになれなかった。しかし、人生は不思議な運命を抱えている。娘が担任教師としてむかえたのは半分以上の教師が体育専門であった。この運命的な傾向は現在も継続している。

　父親は、娘の中学校に何度か足を運んだが、学校の対応は客観的に見て温かいものには程遠いものであった。校長をはじめ教師の対応は、問題を抱えた子の親にはあまりに冷たい。父親自体現在の学校事情はよく知っているつもりで、できる限り迷惑をかけないようにする心づもりであったが、担任よりも校長の姿勢はあまりにおそまつといわれても仕方がないものであった。確かに管理職としての校長はその面に関しては能力を発揮していた。しかし、彼はこのような問題生徒には、なるべく関わりたくないように思えた。教師もどのように対応していいのか十分な知識と対応策を持ち合わせていなかった。ここで必要であったのは、教師は問題の子を抱える親の気持ちを少しでも聞く姿勢であった。

そこで、父親はこのような問題の子どもに取り組んだ経験のある医師、心理学者、カウンセラーなど出来るかぎり多くの専門家と解決策について話し合いたいというのが本心であったし、同時にそれを試みた。
　まず、心理学者に会ってみた。すると、これはこの家の宿命（祖父は有名な教育学者であり周りの人はほとんど教育関係の職にある）でもあり、家族の中で必ず1人か2人はでてくる現象である、という話で彼は、この解決には時間がかかると言った。回復までにはこれまでの小学校の6年間の2ないし3倍の年月が必要になるとのことであった。また、彼はいろいろな専門家に合い、いろいろ相談してみなさい、というアドバイスを父に与えた。最後に一言、いろいろ専門家と相談した後、もし覚えていれば再びここにきてもよいとのことであった。
　その後、経過報告と適切な解決方法のアドバイスを受けるために、再び娘の通う中学校に出向き（おそらく5月であった）校長と担任教師に会った。彼らはこの時、フリースクールが近くにできたことを父親に伝えた。しかし、彼らのフリースクールの知識はほとんどないに等しかった。それでも何らかの解決策を模索している両親にとって、この情報は、地獄で仏のようなものであった。しかしながら、学校とは別組織として作られるこのフリースクールは、各学校には充分な資料を提供していなかった。それで、直接父親はこのフリースクールを訪問してみた。このフリースクールは、退職した教員や若い女性によって運営されていた。このスクールは全体的には感じのよいものでここの職員も好感のもてる人達であった。その時のアドバイスは、娘が学校に行けなくなってまだ2週間しかたっていないのでそれほど緊急な状態ではなく、このスクールの施設は新しく造られたものであるが、子どもたちはかなり以前から学校に行けない状態の子がかなりいる、なかには3年も4年も学校に一度も行ったことがない子がいるということであった。その時点で、娘がこの状態になる恐れが有るのではないかという予感が父親にはあった。早速、父親は家に帰って母と娘にこのスクールの説明をしたが、娘は何の関心もしめさなかった。娘には、近所の目を気にするほど敏感で到底平穏にそのスクールに連れていくことはできないことが予想された。事実いつまでたっても行く気持ちはなかった。父親は一度このスクールを娘が見るだけでも見てくれればという気持ちは持ってい

第3章 不登校(登校拒否)の問題とその解決

た。フリースクールが全国で造られ話題を提供していた。しかし、このスクールさえ行くことができない子どもも多いのが現実である。

母親は当時中学校の役員をしており、これからその役割を果たすために、忙しくなることが予想された。彼女は不登校の子どもを持った状態で学校の役員をこなすことは並大抵ではないことを主張した。それでも、子どものいない学校でＰＴＡの役をこなしていたがそれは針のむしろに座るようなものであった。母親は、娘の不登校が長期化するにつれて、神経質になり、父親に早期にこの事の解決を求めた。このように不登校に陥った子どもを身内にもつ両親・家族は、毎日が地獄といっても言い過ぎではない。教師からは家庭の教育に問題があったと責められ、我が子からは学校に行けないのは親のせいであるといわれんばかりである。世間の冷たい目または同情はそれに増して辛いものである。すべての不登校の親たちが子育てを蔑ろにしたわけではない。この家の父親は教育学研究者という立場から、無理な期待を子どもにかけず先人たちの理想的な教育を実践したにもかかわらず娘の不登校を体験することになった。父親はその時その場の教育的配慮は、今でも誰にも負けていないとさえ考えている。

その後、娘の不登校の解決策を発見することもなく、娘も家の外に出ることはほとんど無くなっていった。母親は会社に出勤している間は別として毎日家で娘といることは耐えがたいものであった。娘も不安な心理状態の中で一日中自室に籠もって一日を過ごしていた。父親は平日は単身赴任で家族の顔を見ることはなかった。週末と日曜日は、母親の苦情を聞く日であった。父親自身多くの不満をどこに吐くかストレスのたまる日々であった。一番苦しんだのは不登校の娘自身であった。自分の不甲斐なさ、ストレスの蓄積、自分の将来についての不安などが娘を襲い、解決の道が発見できない状態は時に物をぶつける壊すという暴力的行動にでることも月に１度はあった(彼女の場合は生理といつも関わる)。

ところである不登校の子どもを登校できるようにしようとするグループがある。その中心的人物は元教師であり、現在この会の中心的指導者である。彼は、不登校の原因は親の甘やかし、育児の失敗にあると考え、早く学校に復帰させ

ることを親と子どもまたこの問題にボランティアとして加わった学生ないし若い人とともにある強制的な指導で不登校に取り組む。確かにある成果をあげているらしく、復帰できた子どもの家族の写真や手紙を今現在不登校で苦しんでいる家族に見せ、まず親が変わりそして親の権威のもとに生活を改善することによって、子どもが学校に帰れるようにする。ある種の復古主義的な改善グループである。母親は、このグループが開く講習会にわざわざ大阪まで高い交通費と時間をかけて出かけ、その日の内にすべき課題を家族に知らせ即実行させる。これは、父親の教育方針とはかけ離れたもので、初期の段階では父親も協力のもと実行した。しかしながら、この方法は、次第に父親と娘に疑問を増加させていったのである。母親は次第に疲労し実行力が次第に鈍ってきた。この試みは、結局何も実を結ばず、多くの不信感を残すことになった。やがて、この試みは母親の病気で消えてしまった。

　ある転換期がきたのは、娘が不登校の状態にはいって4か月たった7月の終わりであった。母親が仕事先で蜘蛛膜下出血により緊急入院したことによる。この病気の原因はよく分からないが、30％しか元の状態にはもどらないしまた社会復帰できないと言われている。父親は二重にも三重にも苦しみを負うことになった。この時の精神状態は普通ではなかったことは想像できる。娘は相変わらず"とろっと"した目で自分のしたいことをやるばかりであった。しかし、一番大切なのは母親の無事を祈ることであり、次にこの問題を医者と家族とでどのように解決していくかということであった。娘はやがて（母親が倒れて2週間後？）母親の近くで（病院内）時には母親の必要なものを買いに行ったり世話をすることもできるようになってきた。やがて、娘は何かをしたいと父親に申し出た。そこで今できることをするように言ってさまざまなことに挑戦させた。しばらくすると、母親は奇跡に近いくらいに回復した。娘も次第に次のすべきことを模索しはじめ、もう一度やり直したい旨を両親に告げた。父親は、そこで一年生からやり直せる中学校を探しはじめた。だが公立中学校では、義務教育のため不登校という理由では同じ学年を再度繰り返すことはできないのである。後は私立の学校でこのような不登校の子どもが再度挑戦できる所を探し出すことであった。高等学校の場合、同学年を繰り返すことは義務教育で

第3章　不登校(登校拒否)の問題とその解決　　　91

はないのでほとんどの学校が受け入れてくれる。しかし、このような場合中学校はほとんどの学校が子どもを拒否する。これに関連して、義務教育とは何か、必要かを再度問題にすることが必要な時代になってきた。学校の改革が次第に時代のニーズに従って、クローズ・アップしてくることになった。

　その問題は別の機会に展開することにして、不登校の子どもが再度同学年を繰り返すことができる学校はないといってもよい。兵庫県内のある私立中学校は、再度同学年をチャレンジすることを許している。そこで、この中学校の入試にチャレンジさせることにした。結果は、成績が思ったほどよくなかった。そのため、一切の中学校から今度は登校拒否を学校の方から宣告された。そこでさらに中学校を探す範囲を近畿にまで拡げ探すことにした。たまたま、父親の以前勤めていた学園(宗教系)で受け入れてもらうことができた。しかし、全寮制のため別の困難さが多く出現することになった。

　母親の病気は、奇蹟的に回復し再び職場に復帰することができるようになった。母親は、病気になる前とは変わり基本的にはそれほど娘に口やかましく言わなくなった。娘は平安を表面上取り戻した。一時的に娘は学校に行くことを考えていた。しかし、あくまで自分の世界の中でである。この彼女の構想は翌年の4月には脆くも崩れてしまった。

　今分析してみると、この状況は誰にとっても無理な状況であった。いずれにしても3月の終わりごろの入寮式から新学期のはじまる入学式のころには、娘の心理状況は極めて不安定な状態であった。全寮制の厳しさに再び不登校の症状が出てきた。入学式の日に大阪の学園で親子の体面をした時、すでに娘は自宅に帰る心準備をしていた。その場は、教師の方や寮の先生方の努力によって娘は決意して寮に残ることにした。1か月近くたつとまたどうしようもなく自宅に帰りたい状況になった。この学園は学期中は特別な理由がない限り自宅に帰ることはできない。もし無断で自宅に帰った場合は学園をやめることになるのが学園の校則である。この校則は、娘によって見事に破られてしまった。クラブ活動の姿で大阪の曾祖父の家に帰ってきた。曾祖父の家では天と地を引っ繰り返したような状況であった。学園にすぐに連絡してすぐに学園に帰すことにした。しかし、その夜は学園に断って曾祖父の家に泊まらせることにした。

翌朝娘を学園に連れて行くことにしたが、娘は再び拒否反応を示した。学園の先生と相談して落ちつくまで自宅に帰すことにした。失意の両親は早速学園の校長に連絡をとり話し合いをもってもらった。この学園の先生方は娘の過去のことを良く知っておられ誠心誠意対応してくれた。校則の厳しさでもう手のうちようがないと両親は半分諦めかけていた。帰寮の朝、娘の拒否反応はたいへんなものでタクシーで寮に送り帰すことになっていたが、いつもどこにそんな力があるか分からないほどの力でドアに手をかけて離そうとしなかった。そこで両親は校長と連絡をとりこの問題解決について話すことになった。その話し合いは意外な結論になり、娘が学園に帰れる状態になるまで待ってもらうことができた。寮の生活は厳しいことは承知で校長の裁量に任された。寮長は、入学の当時から１年遅れ不登校の経験のある生徒には反対の姿勢であった。寮長の立場からは、当然の考え方であった。しかし、寮長の教養と優しさは娘や両親には大きな力となった。学園の先生方の懐の広い対応が三人を救ったことになった。娘の教育の前に両親の教育が始まった。毎日、担任教師から娘に連絡があり、学園の生活が娘に伝えられた。生徒指導の先生、担任の先生も機会がある折ごとに、地方の娘の家に立ち寄ってくれた。また、学級のメンバーの手紙が何回か送られてきた。いつしか、娘もそれらを喜ぶようになった。しかし、顔の表情は固く楽しい心境ではとうていない。５月から12月まで状況はそれほど変化はなかった。ただ、公立中学校時代には自室でこれといったことはしなかったが、学園では、学校に行くことができないとしても毎日の生活は明らかに異なる状況を示していた。少しずつ娘は成長している。担任教師との連絡は頻繁になされた。しかし、相変わらず学園に復帰出来る状況ではない。担任教師が地方に出張した後、娘に会いたいとの連絡があり、なぜかこれまで教師を避けていた娘が変化を生じたのである。この接近は、娘をして１月から学園に復帰する意欲を生み出したのである。周りの人たちは驚きを隠すことができなかった。この間、宗教団体の指導者の娘に対するカウンセリングは何度か継続していた。彼女には、心理学者のカウンセリングも他の教育関係機関のカウンセリングも受け入れられなかった。彼女が心開く人は、非常に数少なかったが、信頼のおける人は学校の担任と生徒指導主任の心温まる指導であり、なかでも

第3章　不登校(登校拒否)の問題とその解決　　93

校長先生の寛容な姿勢であった。また、中学校の友人の存在は大きかった。ある日、手紙が届き娘の近況はどうかと尋ねてくれたことは娘の心を多少とも開くことになった。このような支えと娘自体の心が落ちついたことが、次のステップへと繋がった。

　新年を迎え3学期が始まった時には、寮にもどり学校に通う努力をするが、周りの目がかなり気になる様子で一週間もしない内に次の問題に出くわした。それは、彼女のクラスにまだ入れない状態であった。そこで、先生方も職員室の一室を彼女のためにあてがい勉学の指導を時間的に余裕のある教師が指導した。これは、後に彼女が独学で勉学を進めることのできる姿勢を作ってくれることになった。

　しかし、学級に戻ることはこの学期中にはできなかったのである。この部屋での勉学は、もう一人の友人と一緒で二人のなかは友情を生むことになった。

　やがて学年末の3月を迎え、寮長と新学期には2年生になることでもあり先輩としての自覚のもと学校に登校するようにいわれ、一応3学期は登校の形になった。新学期を迎え、その問題の生徒とともに学校に行くことになったが、その子は寮長からも信頼を欠いていて次第に寮にいること自体苦しくなったことを娘からの電話連絡で父親は知ることになった。確かに、娘のことで何度か寮に出向いた時、寮長のその子に対する態度は、過去の経緯は知らないけれど、少し厳しいものを父親は感じた。まもなく、その子は寮を飛びだし大分の郷里に帰ってしまった。娘は、このことが大きく影響して再び不安定な心情になり、再び、娘も寮を飛びだすことになった。この友人の寮脱出ということがなければ、娘はこの友人を旨く導く努力をし、自分も成長できたかもしれなかった。

　新学期は担任教師が代わり希望も持てるはずであったし、担任も素晴らしい力量を発揮しようとしていた。しかし、運命というのか担任の専門教科は体育であった。これまで担任が体育である場合うまくいった覚えはない。この担任教師はこれまでとは異なり娘の問題を十分に理解し積極的にいろいろ取り組んだ。その時、2人の寮から脱出という事件が起こってしまった。大分に帰った友人は、荷物の整理のため一度寮に帰ってきたがそれっきり学校をやめて公立中学校に転校していった。娘は幸いなことに退学という処置は許され、帰って

これる時に寮に帰ればよいという校長の裁量が下された。それから、両親と学校サイドとの話し合いは繰り返されたが、両親の教育のために成果が上がったに過ぎなかった。娘は相変わらず学校には行くことができなかった。やがて、大分の友人との交流が復活し、そこから教会の教会長を知ることになった。この教会長が自分の体験と高い教養から次第に娘のやる気をおこさせる意志を引き出して下さったのである。

　この学校は、スポーツが盛んであり、特に高校野球では全国に名が知られていた。2年生の時は、1学期はまったく学校には行くことができなかった。父親は、大学の教職課程に所属し、教育実習の際各地の実習校訪問をする。その時に、校長をはじめ多くの教師といろいろ話す機会がある。しかしながら、不登校の問題になると、自分たちには何ら責任がないかのように話す、確かに家庭教育ないし家庭の問題として捉えるのは間違いがないように思われる。学校の教師の側も、全責任を家庭に押しつける傾向は少なくなっているが、基本的には学校の取り組み姿勢が重要になる。

　2年生の時の夏、娘の所属している高等学校が甲子園に出場し、活躍するなかで、娘は最初関心を示さなかったが、テレビの中継、スポーツニュースによって興味を抱くようになり、甲子園で応援したいと言い始めた。そこで、父親は娘を甲子園に何度か連れていった。これは、父親は学校に対する所属感が娘に育つことを期待したからである。期待どおり、娘には学校に対する所属感が育ってきた。学校からは、通信教育のように教科指導や中間・期末試験が送られ、娘はそれを実施して送り返す作業を繰り返していた。成績は、不登校なため評価されないまま、やがて2年生が終わり3年生を迎えた。担任と娘の連絡は頻度をまし、積極的な面も伺えるようになった。3年生の時もクラスのメンバー全員の便りが届けられた。この時期には、かなり落ちつきを取り戻し、返事を書いたり自分がしたいことに積極的な姿勢を示した。しかし、進路指導に関しては、卒業のことが気にかかり不安を隠せなかった。両親は担任や校長（校長は市の教育委員会と密接な連絡を取り合っていた）と連絡を密接に取り合い、最終的には、中学校を卒業させてもらうことになった。卒業式は、やはり出席できなかった。心では、皆と一緒に卒業したいが登校していない自分

としては卒業式には出れないという葛藤が続いた。校長と教頭と先生方それに寮長は、娘の卒業のために力をかしてくれた。最終的に娘の卒業式は校長室で行われ、校長と教頭と担任教師と両親と娘が出席し校長から卒業証書が授与された。この時、両親は心から拍手してやるべきだったが、自分のことのように恥ずかしく何もしてやることが出来ずにいた。しかし、校長から拍手を促され喜んで拍手をした。この4年間にわたる不登校は、多くのドラマを生んだ。両親は、娘の不登校をいつも心に描いては、自分たちの責任を感じつつ、自分たちの生き方を正すように心がけた。父親は、自動車を運転している時によく「ちくしょう！」と一人ごとを言うことが多かった。しかし、母親は、ある時期を境に心の動揺がなくなっていった。

　進路指導は、娘と担任教師と両親によって勉強はしたいという娘の意志を確認した上で、娘の通える高等学校を探すことになった。全日制の高等学校では、まだ娘の成長には少し負担が大き過ぎるのでこの学園の通信教育に通うことにした。これは、娘には負担の軽い学校であった。しかし、入学式の式場は全学一斉の入学式なので、いままで知っている生徒に出会うということでやはり不安を感じた。しかし、学校の配慮で結局は入学後の行事はほぼ終了することができた。その後、娘は毎週1回のスクーリングに通うことができるようになり、夏にはサンフランシスコで1か月間1人でホームステイできるほどに成長し、大学に入学することや将来の進路を自分で決定しようとそれに積極的に取り組んでいる。さらにあらゆる面で積極的になり、英語検定や漢字検定に取り組んでいる。学校の先生方の努力は甚大なもので、このような努力は多くの不登校をなくすることになるであろう。

　最終的に、次のようなことがいえるであろう。
① 不登校の兆候は、かなり前からあり、この兆候を見逃さないことが、特に両親にとって重要である。しかし、この兆候は不登校に陥った時にわかることが多く、発見することが困難なことが多い。
② 不登校に陥った多くの子どもは心身ともに疲れており、睡眠を求める。これは何も怠惰ということではない。初期の時期は睡眠を取らすことは大切なことで、ここで両親と担任は十分に時間をかけることが必要である。

③ 不登校の子どもが信頼する人を急ぐことなく、探す機会を周りの人は与えるように努力する。
④ 担任の不登校生徒との接触は、初期の段階ではあせることなく、無理に教師が子どもに会おうとすると、生徒の回復が遅れることになる。
⑤ 校長や管理職の先生は、周りから担任教師や子どもを励ましたり安心感を与える努力をすることが大切である。
⑥ 人に出会う特に近所の人との接触は、子どもには神経過敏な時であり、挨拶を強いたりこそこそ逃げる態度を注意することは逆効果であり慎重にすることが大切である。
⑦ 学校と教育関係機関との連絡は断えず継続していき、それぞれの生徒にあった指導をする必要がある。
⑧ 子どもたちの成長を信頼し、そのための支援をしていく必要がある(親の寛容な態度)。
⑨ このケースは、女子生徒であり、問題があった時は必ず月経の時であった。これについては、体の成長と心の成長がうまくいっていないことを意味する。これは、今後の生徒指導に何かヒントを与えてくれている。
⑩ 子どもの個性をどのように考えていくか、この問題は教師や両親にとって大切なことである。
⑪ 回復の兆候が有るときは、時期を見失うことなく、学校と家庭の連絡を密にしてしっかりした方針を見い出す、あせる気持ちは理解できるが、計画的、体系的に方針を立て実行する。
⑫ 子どもには自信をもたせる努力をする必要がある、子どもの興味・関心があるものから取りかかる。
⑬ 子どもの成長を長期展望で見る事が大切である。
⑭ この娘のケースは、神経過敏症か分離不安症であったが、この症状の子どもの中にはある才能において優秀なところがあり、見失うことがないように気をつける必要がある。
⑮ 子どもには教師との信頼関係が重要であり、教師の役割は重要である。
など。これらのことをこのケースから結論として出すことが出来た。

第3章 不登校(登校拒否)の問題とその解決

資　料

　兵庫県教育長は、「登校拒否問題への対応について」(教学第1128号)を1993(平成5)年1月25日各教育事務所長や各県立盲・聾・養護学校長あてに送付した。その内容を以下に記することにする。

登校拒否問題への対応について

平成5年1月25日　教義第1128号
各教育事務所長　各県立盲・聾・
養護学校長あて　兵庫県教育長

　登校拒否問題に対する基本的な対応の在り方について、兵庫県教育委員会は平成4年9月24日付文部省初等・中等教育局第330号「登校拒否問題への対応について（通知）」の趣旨等をふまえて、下記のようにまとめている。

記

1　登校拒否問題に対応する上での基本的な視点
　　登校拒否については、教義第224号「人間的なふれあいに基づく生徒指導の推進について(通達)」の趣旨をふまえ指導すること。
　①　登校拒否はどの児童生徒にも起こりうるものであるという視点に立ってこの問題をとらえていく必要があること。
　②　いじめや学業の不振、教職員に対する不信感など学校生活上の問題が起因して登校拒否になってしまう場合がしばしばみられるので、学校や教職員一人一人の努力が極めて重要であること。
　③　学校、家庭、関係機関、本人の努力等によって、登校拒否の問題はかなりの部分を改善ないし解決することができること。
　④　児童生徒の自立を促し、学校生活への適応を図るために多様な方法を検討する必要があること。
　⑤　児童生徒の好ましい変化は、たとえ小さなことであってもこれを自立

のプロセスとしてありのままに受け止め、積極的に評価すること。
2　学校における取組の充実
 (1)　学校は、児童生徒にとって自己の存在感を実感でき精神的に安心していることのできる場所――「心の居場所」――としての役割を果たすことが求められること。
 (2)　学校は、登校拒否の予防的対応を図るために、児童生徒一人一人の個性を尊重し、児童生徒の立場に立って人間味のある温かい指導が行えるよう指導の在り方や指導体制について絶えず検討を加え、次のような取組を行う必要があること。
　①　地区別カウンセリング研修会、地区別生徒指導研究協議会等で研修し、個に応じた指導に努めるなど指導方法、指導体制について、工夫、改善に努めること。
　②　指導生徒の自主性、主体性を育みながら、一人一人がたくましく生きていくことのできる力を養っていくこと。
　③　児童生徒が適切に集団生活に適応する力を身に付けることができるように、学級活動等を工夫すること。
　④　主体的な進路選択能力を育成するため、発達段階に応じた適切な進路指導を行うこと。
　⑤　児童生徒の立場に立った教育相談を充実すること。
　⑥　開かれた学校という観点に立って、家庭、地域社会との協力関係を築いていくこと。
 (3)　学校においては、全教職員が登校拒否問題についてあらかじめ十分に理解し、認識を深め、個々の問題の対応に当たって一致協力して取り組むとともに、校内研修等を通じて教職員の意識の啓発と指導力の向上に努めること。
　　また、登校拒否児童生徒への具体的な指導に当たっては、次の点に留意する必要があること。
　①　登校拒否となる何らかの前兆や症状を見逃さないよう常日頃から児童生徒の様子や変化をみていくことが大切であり、変化に気付いた時は、

速やかに適切な対応をとること。
  ② 登校拒否が長期に及ぶなど、学校が指導・援助の手を差し延べることがもはや困難と思われる状態になる場合もあるが、このような状態に陥りそうな場合には、適切な時期をとらえて、「ひょうごっ子悩み相談」等に相談して適切な対応をとる必要があること。その際、保護者に対して、専門的観点から適切な対応をすることの必要性を助言し、十分な理解を得ることが大切であること。
  ③ 登校拒否児童生徒が登校してきた場合には、温かい雰囲気のもとに自然な形で迎え入れられよう配慮するとともに、徐々に学校生活への適応力を高めていくよう（保健室登校等の）指導上の工夫を行うこと。
3 教育委員会における取組の充実
  市町村の教育委員会は、自ら登校拒否問題に対する認識を深めるとともに、それぞれの立場から積極的に施策を展開し、学校における取組が効果的に行われるよう支援する必要があること。その際、次に例示するような方策を含め、多様な方策が検討される必要があること。
  ① 登校拒否問題への適切かつきめ細かな対策を行うため、それぞれの地域の状況に応じ、登校拒否についてのより的確な実態把握に努めること。
  ② 登校拒否児童生徒の指導の中核となる登校拒否担当者・生徒指導担当者等に対して行う専門的、実践的研修については、研修内容の充実とあわせてその精選にも留意し、教員研修の効果的な実施に努めること。
  ③ 学校における指導体制を確立させるため、教育相談等の研修講座を通じて、専門的力量をもった教員の育成に努めること。例えば、各教育事務所、県立教育研修所等で実施しているカウンセリング講座への参加についても留意すること。
  ④ 相談窓口等の教育相談機関の整備を図ること。
  ⑤ 国・県の研究委託をはじめとして、市町で実施している「適応教室」の成果を参考にして、個々の登校拒否児童生徒に応じた対応に努めること。
  ⑥ 「ひょうごっ子ココロンカード」を積極的に利用し、県立近代美術館、県立人と自然の博物館等、県・市町立の社会教育施設の利用に努めるな

ど、登校拒否児童生徒の適応指導のための自然体験活動等の事業の推進を図ること。
　⑦　「教育相談活動モデル推進事業」を利用した保護者に対するカウンセリングの実施、「いってきま～す」等の資料の利用による保護者への啓発・支援の取組を行うこと。
4　関係機関等の連携
 (1)　学校においては、相談窓口、適応教室、児童相談所等の関係機関と日頃から連携を図っておくことが大切であること。学校の指導の限界を超えると思われる場合には、速やかに相談・指導を行う専門の関係機関に協力を求めることも必要であること。
 (2)　相談・指導を行う関係機関としては、適応教室、相談窓口、児童相談所などの公的機関が適切であるが、公的な指導の機会が得られないあるいは公的機関に通うことも困難な場合で本人や保護者の希望もあり適切と判断される場合は、民間の相談・指導施設も考慮されてよいこと。
 (3)　学校は当該児童生徒が学校外の公的機関や民間施設において相談・指導を受けている間の状況を十分フォローアップすることが大切であり、可能な限りその指導状況を把握するなど、相談・指導を他の公的機関等に任せきりにすることのないよう留意すること。
 (4)　義務教育諸学校の登校拒否児童生徒が学校外の公的機関や民間施設において相談・指導を受けている場合の指導要領上の出欠の取扱いについては、別記によるものとすること。

（別　記）
　　登校拒否児童生徒が学校外の公的機関や民間施設において相談・
　　　指導を受けている場合の指導要録の出欠の取扱について

1　趣旨
　登校拒否児童生徒の中には、学校外の施設において相談・指導を受け、学校復帰への懸命の努力を続けている者もおり、このような児童生徒の努力を学校として評価し支援するため、我が国の義務教育制度を前提としつつ、一定の要件を満たす場合に、これらの施設において相談・指導を受けた日数を指導要録上出席扱いとすることができることとする。

2　出席扱いの要件
　登校拒否児童生徒が学校外の施設において相談・指導を受けるとき、下記の要件を満たすとともに、当該施設への通所または入所が学校への復帰を前提とし、かつ、登校拒　否児童生徒の自立を助ける上で有効・適切であると判断される場合は、校長は指導要録上出席扱いとすることができる。

(1)　保護者と学校との間に十分な連携・協力関係が保たれていること。

(2)　当該施設は、教育委員会等が設置する適応指導教室等の公的機関とするが、公的機関での指導の機会が得られないあるいは公的機関に通うことが困難な場合で本人や保護者の希望もあり適切と判断させる場合は、民間の相談・指導施設も考慮されてよいこと。

　　ただし、民間施設における相談・指導が個々の児童生徒にとって適切であるかどうかについては、校長が、設置者である教育委員会と十分な連携をとって判断するものとすること。このため、学校及び教育委員会においては、学校不適応対策調査研究協力者会議報告（平成4年3月13日）に別記として掲げられている「民間施設についてのガイドライン（試案）」を参考として、上記判断を行う際の何らかの目安を設けておくことが望ましいこと。

(3)　当該施設に通所または入所して相談・指導を受ける場合を前提とすること。

3　指導要録の様式等について

　上記の取扱いに伴い、平成3年9月20日付け教義第842号「小学校児童指導要録、中学校生徒指導要録並びに盲・聾・養護学校の小学部児童指導要録及び中学部生徒指導要録の改訂について」で示した指導要録の様式等について、それぞれ別紙のように改めることとする。

「引用文献」
(1)　文部省初等中等教育局著、「登校拒否（不登校）問題について」──児童生徒の「心の居場所」づくりを目指して──（「学校不適応対策調査研究協力者会議報告」）、1992年3月13日）をこの章では一部改め引用している。
(2)　同著、一部改め引用。
(3)　この第2節は、河合洋著、「『登校拒否』概念を整理する」（「教職セミナー」1）、時事通信社、1995年、6－8頁、を一部改め引用している。

「参考文献」
(1)　総務庁行政監察局編、『いじめ・不登校問題などの現状と課題』大蔵省印刷局、1999年

第4章　介護等の体験

　1997(平成9)年6月18日田中真紀子衆議院議員によって提出された「介護等体験特例法」が特別立法として公布された。正式には、「小学校及び中学校の教諭の普通免許状授与に係わる教育職員免許法の特例等に関する法律」である(付録1)。これに同年11月26日に公布された同法施行規則(文部省令——付録2)と受入施設に係わる文部大臣告示(付録3)が加わって、介護等体験制度がひととおり整備された。また、この制度を円滑に実施するための通達(付録4)が、同日付けで文部省から大学・短期大学(指定教員要請機関も含む、以下同じ)や各都道府県教育委員会に出された[1]。

　介護等体験特例法の国会審議における趣旨説明は、以下のものである。すなわち、「……小学校及び中学校の教諭の普通免許状授与に係わる教育職員免許法の特例等に関する法律案につきまして、発議者を代表して、その提案理由及び内容の概要を御説明申し上げます。

　現在、我が国は総人口のおよそ15%を65歳以上の高齢者が占め、2025年には25%を超えると予想されています。このことは、日常的に介護を必要とするお年寄りが確実に増えていくことを意味するものと申さなければなりません。

　私は、こうした障害者やお年寄りに対する様々な援助の活動を大変重要に思

うものでありますが、同時にこのような活動を通じて体験と心の交流が、人の心の痛みを理解し、人間一人一人が違った能力や個性を有しているということに目を開かせる上で、大変有効なことと考えます。

そして、誰よりもなお、このようなことを必要としているのは、我が国の将来を担う義務教育段階の子どもたちに接する教員の方々であると考えます。

こうしたことを踏まえて、私は、この高齢化・少子化の時代に、将来を見据えた教員の資質向上の一環として、また、長い目で見て日本人の心にやさしさを甦らせることに繋がるものとして、いじめの問題など困難な問題を抱える教育の現場で、これから活躍される方々が、高齢者や障害者に対する介護等の体験を自らの原体験としてもち、また、そうした体験教育の場に活かしていくことによって、人の心の痛みがわかる人づくり、各人の価値観の相違を認められる心を持った人づくりの実現に資することを期待しております……」[2]

介護等体験制度は、1998（平成10）年4月1日から既に実施されていて、その年の4月に入学した大学・短期大学の1年生からは、小学校・中学校の教員の普通免許状を取得しようとする場合、原則として7日間の介護等体験（養護学校・社会福祉協議会所属施設など）が必要になった。しかしながら、この体験は、基本的には大学の授業ではなく、成績評価などはない。

第1節　介護等体験に際しての基本的留意事項

介護等体験に際して、心掛けることはこの体験に関する情報は少ないまたは全くないということで、学生自身が不安を抱くことである。この不安は、まず大学関係者に相談することにより少しでも解消される。

次に、学生は介護等体験に参加する場合、ただ漫然と参加するのではなくて、この体験に積極的な意味付けをし、目的意識を持って参加することである。

しかしながら、この体験は、多くの場合大学と教育委員会、大学と社会福祉協議会などの関係を通して実施される。そのため、教育委員会や社会福祉協議会の要望と大学の責任から、大学での事前指導が実施される。また、同時に、

学生自身による自発的学習の必要性がある。なぜなら、介護等体験が単なる形式的なものにとどまらないために、事前指導や自発的学習が重要であるからである。そこには、介護等体験特例の趣旨である「個人の尊厳及び社会連帯の理念に関する認識を深めること」「人の心の痛みがわかる人づくり、各人の価値観の相違を認められる心を持った人づくりの実現」に近づくということ、また成就するという意識がある。

　事前指導に関して、社会福祉関係の学部・学科等を置く大学・短期大学などでは受入施設の種類や体験の種類に応じてかなり専門的な事前指導が行われるが、それ以外の大学・短期大学などでは専門的なものではなく一般的な内容の事前指導のみが行われることもある。そのような場合でも、個々の受入施設に係わる具体的留意事項等については、受入れ施設におけるオリエンテーションなどで必要な指導がなされる。

　体験希望者は、事前指導への参加や自分なりの独自の準備は必要であるが、あまり神経質になる必要はない。そこで、再度整理してみると、「必要なのは、介護等体験に臨むきちんとした姿勢」である——(1) 事前指導をきちんと受け、わからないことは相談する、(2) 事前に「計画」を立て、実施後はきちんと「まとめ」を……事前には「実施計画書」を、事後には「実施報告書」を提出する程度のことは必要であろう。一例として、次の項目があり、これを参考にするとよい。

(i)　体験する施設および介護対象者の特徴とは
(ii)　介護対象者への必要なケアや介護のポイント
(iii)　介護等体験における自分自身の課題

　また、「実施報告書」の項目としては、次のものが考えられる。

(i)　介護等体験の具体的内容
(ii)　介護対象者のようす、現場で受けた指導の内容
(iii)　課題達成状況と新たな気づき
(iv)　体験先で感じた困難や疑問
(v)　大学における事前指導についての希望
(vi)　その他

　各自の課題設定の自己評価をし、整理し、総括をしておく。時には、記録を

後輩の貴重な資料として活用することもできる。(参照　現代教師養成研究会編、教師をめざす人の『介護等の体験ハンドブック』、大修館書店、1995年、36-37頁)

　自発的学習に関しては、介護等体験についての参考図書・冊子を読み参考にすることになる。幾つかの参考文献を紹介しておこう。

1. 全国特殊学校長会編著、『フィリア』(盲・聾・養護学校における介護体験ガイドブック)、THE EARTH 教育新社、1998年、980円、TEL 03-5282-7183。
2. 大阪府社会福祉協議会編、「教育職員免許法の特例に基づく『介護等の体験』受入れマニュアル：社会福祉施設版」、全国社会福祉協議会、1998年、315円。
3. 全国社会福祉協議会著、『よくわかる社会福祉施設：教員免許志願者のためのガイドブック』、全国社会福祉協議会、1998年、525円，TEL 03-3581-9511。
4. 全国社会福祉協議会著、「社会福祉施設における『介護体験プログラム』、(教育職員免許特例法による「介護等体験」の充実をめざして)、全国社会福祉協議会、1998年、525円、TEL 03-3581-9511。
5. 現代教師養成研究会編、「教師をめざす人の『介護等の体験ハンドブック』」、大修館書店、1995年、1260円。

など。

　介護等体験の実施は、盲・聾・養護学校、社会福祉施設等の受入施設の協力のもとに行われる。たとえ、大学・短期大学において事前指導がされ、実習の心構えや目的を知っても、実習の経験、知識・技能のほとんどはないに等しいものであり、「素人」に近いものである。これらの学校や施設は、そのことを承知で受入れに伴う様々な手間をも厭わず快く協力していただけるのである。

　介護等体験の実施に際して、学生は受入れ施設の多大な配慮と負担が払われていることを十分に認識し、施設からの指示や注意を遵守し、相手側に迷惑がかからないように十分に留意し、体験が円滑に進められるようにすることが大切である。

いつもの施設運営に支障のないように、介護等体験希望者はどの盲・聾・養護学校、社会福祉施設に、何人程度受け入れられるか、どのような内容・方法・スケジュールで実施されるか、基本的には教育委員会や社会福祉協議会を通してそれぞれの長の判断によって決定する。したがって、体験学生の中で通常の施設運営に支障をきたす事がある場合、それぞれの長の判断によって途中で介護等体験が中止になる場合がある。事実1998年度には何件かあり、介護等体験を別の施設でやり直した事もある。とりわけ、施設の安全・衛生を阻害したり、利用者などに不快感を与えるような言動や服装は、許されない。

　再度実施中の留意点を確認すると、まず「一人の人間として、誠意をもって積極的に行動する[3]」ことである。その上で「(1)対象者への敬意と人権への配慮、(2)積極的に行動すること(とコミュニケーションをうまくとること)が重要」である。コミュニケーションをうまくとるためには、黙って立っているだけではダメであり、進んで話さなければならないし、職員の方たちともいい関係を作ることである。

第2節　介護等体験の制度の概要[4]

1．制度の趣旨

　「小学校及び中学校の教諭の普通免許状授与に係わる教育職員免許法の特例等に関する法律」(平成9年法律第90号)の第1条に、この制度の趣旨が明記されている。

　「この法律は、義務教育に従事する教員が個人の尊厳及び社会連帯の理念に関する認識を深めることの重要性にかんがみ、教員としての資質の向上を図り、義務教育の一層の充実を期する観点から、小学校又は中学校の教諭の普通免許状の授与を受けようとする者に、障害者、高齢者等に対する介護、介助、これらの者の交流等の体験を行わせる措置を講ずるため、小学校及び中学校の教諭の普通免許状の授与について教育職員免許法(昭和24年法律第147号)の特例等を定めるものとする。」

2．制度の内容

　この法律の第2条と文部省令第40号「小学校及び中学校の教諭の普通免許状授与に係わる教育職員免許法の特例等に関する法律施行規則」によると、制度の内容は、次のようになる。

(1) 介護等体験の義務化

　小学校及び中学校の教諭の普通免許状授与についての教育職員免許法第5条第1項に規定されている「修得した者」とあるのは、18歳に達した後、7日を下らない範囲内において文部省令で定める期間、盲学校、聾学校若しくは養護学校又は社会福祉施設その他の施設で、文部大臣が厚生大臣と協議して定めるものにおいて、障害者、高齢者等に対する介護、介助、これらの者との交流の体験（介護等体験）を行った者である。それゆえ、教育職員免許法及び同法施行規則に定める一定の教職に関する科目等の単位を修得し、それらの卒業資格等が得られれば、小学校・中学校の教諭の普通免許状（専修免許状・1種免許状・2種免許状）が授与されていたが、平成10（1998）年4月の入学生からは、これに加えて、介護等体験を行うことが必要になった。

　介護等体験に関する必要な事項は文部省令第40号に定められている。

(2) 介護等体験の必要日数等

　必要な期間は、文部省令第40号によると7日間である。もちろん、7日間以上の期間体験をすることは問題がない。むしろ、この期間以上意欲をもってこの種の体験を行うことは望ましいことである。その場合問題になるのが、受入施設の事情がある。この問題は、受入施設とよく相談し、受入施設の受入方針に従って対応する必要がある。

　この期間の内訳は、「小学校及び中学校の教諭の普通免許状授与に係わる教育職員免許法の特例等に関する法律等の施行について」（文教教第230号・平成9年11月26日、通達）で、社会福祉施設等5日間、盲・聾・養護学校2日間とすることが望ましいとされ、各受入施設でも原則としてこのような日数（連続5日間・連続2日間）で受入る体制である。というのは、7日間の中で社会福祉施設等と盲・聾・養護学校の両方の施設を体験する方が多様な体験という観点から好ましいということと、日数の目途を示すことにより両方の施設のいず

れかに偏って希望者が殺到し混乱が生じることのないようにすることに意義がある。

社会福祉施設等5日間、盲・聾・養護学校2日間は原則であって、何らかの事情によって「社会福祉施設では3日間しかできず、残り4日間は養護学校で実施した」（この場合は、数が少ないことが予想される。なぜなら、介護等体験希望者を受け入れるだけの盲・聾・養護学校の数がないからである）、逆に「社会福祉施設でのみ7日間連続で介護等体験をした」といったことは有りえるであろう。仮にそうであっても、介護等体験の受入施設で、7日間の介護等体験を行った旨の受入施設長の証明があれば、免許状の申請はできる。

(3) 介護等体験の実施時期

平成10年4月1日以降、18歳になってから実施した介護等体験（個人参加の者のみならず学校の教育活動として実施されたものも含む）で、受入施設の長の証明が得られれば、7日間の中に含めることもできる。しかし、平成10年4月1日よりも前に実施した介護等体験「類似」の体験を日付を遡って証明してもらおうとしても、それはできない。

本学の介護等体験は、3年次に兵庫県内の盲・聾・養護学校と社会福祉施設において実施する。

(4) 1日当たりの必要時間数

通達によると、1日当たりの必要時間数は「受入施設の職員の通常の業務量、介護等の体験の内容等を総合的に勘案しつつ、適切な時間を確保するものとすること」とされている。介護等体験の時間は、受入施設の総合判断に基づく裁量に任されている。そこには、体験希望者の「こうしてほしい」という要望では裁量されることはない。

しかし、その時間は時として1回・1日という数えるのではなく、1日1時間ずつの清掃作業を、月曜日から金曜日まで継続すれば、1日に換算する、また土曜日などは、通常業務日の半分程度の時間の介護等体験であっても、内容的に密度の高いものであれば、1日として判断されることもある。

また、介護等体験の期間が連続すべきものであるかどうかが問題になる。実際に、多くの社会福祉施設等は、この体験が連続すべきものとして予定・準備・指導している。しかし、通達によると、「受入施設においてそれぞれ連続

して介護等の体験を行う場合のほか、免許状取得までの数年間を通じ、長期休業期間中や土曜日・日曜日などに数度にわたって、異なる2以上の受入施設において1日単位で介護等の体験を行うことなども想定される」ことになっている。そこには弾力的対応ができるとしている。例えば、キャンパス内の付属養護学校において、1日単位・1時間単位で、校庭の清掃や学校行事の実施準備を手伝う場合などがある。

(5) 介護等体験の内容

　介護等体験の内容は、「小学校及び中学校の教諭の普通免許状授与に係わる教育職員免許法の特例等に関する法律」の第1条で「障害者、高齢者等に対する介護、介助、これらの者との交流等の体験」と示されている。通達は、交流について、さらに高齢者や障害者の話相手、散歩の付添いなどを上げている。また、掃除や選択といった受入施設の職員に必要とされる業務の補助などがある。

　各受入施設において具体的に介護等体験を実施する場面で、どのような内容のものを介護等体験と認めるかについては、基本的にそれぞれの受入施設の長が判断することになる。したがって、同じ大学の学生が同じ時期に同じ受入施設で介護等体験を行う場合でも、その知識・技能や過去の体験に応じ、ある学生は食事の介助、ある学生は散歩の付添い、ある学生は園庭の清掃作業といったように、内容に違いが生じることも予想される。

　また、盲・聾・養護学校において行われる教育実習（本学では養護学校での教育実習は教科指導の体験ができないということと養護学校での実習を希望する学生がいたため県教育委員会に相談したところ認められないということであったので本学の教育実習は国公立ないし市立の中・高等学校では実習を実施しないようにアドバイスしている。）や、介護社会福祉施設等において実施される介護福祉士、社会福祉士などの資格取得のための実習（本学ではこの種の資格は取得できないため、この実習は実施していない）についても、介護等体験の内容に相当するものとして受入施設長による証明が併せて取得されるならば、7日間の介護等体験の必要日数に参入することはできる。

　ただし、証明書に介護等体験を実施した旨の記載と押印が必要である、要注意！大学短期大学による教育実習等の単位の修得証明だけでは、介護体験を実

施したものとはみなされない。

(6) 介護等体験の受入施設

　介護等体験の受入施設には、大きく分類して、学校教育法の定める盲・聾・養護学校と、省令・告示で定められた社会福祉施設等がある。

　盲・聾・養護学校としては、大学が一括して教育委員会に申し込む場合は、県立・市立のものを中心に配置される（たとえば、姫路市の場合県立姫路養護学校と姫路市立書写養護学校が該当すると考えられるが、体験希望者の多い場合は龍野市の養護学校に割り当てられることもある）。個人が申し込むことは、文部省の構想によれば可能であったが、実際に実施する段階ではほとんどの都道府県ではできない。

　社会福祉施設等の場合、各施設や設置根拠となる法令はさまざまであり、さらには病院などの医療施設（一部の国立療養所を除く）や保育所は含まれていないこともあり、一見して受入れ施設に該当するかどうかはわからない。受入れ施設となり得る社会福祉施設等の一覧は、多くの関連図書に掲載されている。しかし、盲・聾・養護学校の体験申込みは、大学が一括して教育委員会に申し込むのと同様に、社会福祉施設の体験申込みは、大学ごとの希望者数、希望地域等を社会福祉協議会に伝え、各大学と社会福祉協議会との間で総合的に調整して決定される。そのため、体験希望者の期待どおりにはならない場合がある。

(7) 介護等体験実施の証明

　介護等の体験終了後に各盲・聾・養護学校や社会福祉施設から証明される証明書は、小学校・中学校の教員免許状の授与申請に際して必要になる。証明書の様式は省令に定められたものになる。

① 証明書の様式作成と受入れ施設における必要事項の記載・押印について

　　証明書の様式の作成に際して、その様式は文部省の作成したものないしそれを基本にして大学・短大が用意したものを利用することになる。その証明書を1枚（場合によっては1枚以上にわたることも考えられる）用意し、盲・聾・養護学校や福祉施設ごとに必要事項を記載し、押印してもらう。証明書には、介護等体験が実施されたことの証明を示す役割がある。

② 証明書の保管について

証明書は、小学校・中学校の教員免許状の授与申請に際して必要になるため、保管は体験者自身が確実にしておく必要がある。受入施設には介護等体験に係わる記録等の保存義務はないので、体験者が証明書を紛失したとしても、その施設は責任がない。もし証明書が紛失された場合、もう一度最長7日間の介護等体験をやり直さなければならないような事態も考えられる。

③ 免許状の授与申請に当たっての証明書の添付等

証明書は、都道府県の教育委員会に教員免許状の授与申請時に申請書類に添付される必要がある。

授与申請には、多くの場合大学・短大において該当する学生のものを一括して申請することが多い。その場合は、大学・短大の担当者の指示に従って手続きをする必要がある（一括申請の場合は、教育委員会の指示は大学・短大が窓口になって連絡される）。しかし、個人申請をする場合は、大学が発行する複数の証明書に介護等体験証明書を添付して都道府県の教育委員会に提出することになる。

(8) 介護等の体験を要しない者

介護等の体験を要しない者に該当するのは、介護等に関する専門的知識及び技術を有すると認められる者、身体上の障害により介護等の体験を行うことが困難な者である。

① 介護等体験を要しない「専門的知識および技術を有する者」

保健婦、保健士、助産婦、看護婦、看護士、准看護婦、准看護士、盲・聾・養護学校教員、理学療法士、作業療法士、社会福祉士、介護福祉士、または義肢装具士の免許・資格を有している者については、介護等体験を要しない。ただし、取得見込みの場合は介護等体験が必要である。

なお、盲・聾・養護学校の免許状取得者については、免許状の授与権者が同一（都道府県教育委員会）であり、同時申請することもできる。

② 介護等体験を要しない「介護等の体験を行うことが困難な者」

身体障害者手帳に、障害の程度が1級から6級であるとして記載されている者については、介護等体験を要しない。

なお、通達では「介護等の体験を要しないこととされた者についても、介護等の体験を行いたい旨の希望があれば、本人の身体の状況、受入施設の状況等を総合的に勘案しつつ、可能な限りその意思を尊重することが望ましい」とされていて、介護等体験を法律上要しないこととされた場合であっても、希望がある場合には、可能な限り本人の意思が尊重される。

(9) 教員の採用時における介護等の体験の勘案

小学校・中学校の教員を採用しようとする者は、その選考に当たっては、法の趣旨にのっとり、教員になろうとする者が行った介護等の体験を勘案するよう努めるものとされている。

具体的な勘案の仕方は、都道府県教育委員会など採用権者の判断によることとなるが、例えば、集団面接や個人面接、論文試験などにおいて、介護等体験の成果が問われたりすることが考えられる。

(10) 適用対象者と経過措置（1997年4月以降の入学者は対象外）

介護等体験の制度は、平成10年4月1日から施行された。それより以前（平成10年3月31日以前）に大学・短大に在学した者であって、卒業までの間に小学校または中学校教諭の専修、1種若しくは2種のいずれかの免許状取得のための所要資格を得た者については、適用されない。

逆に、平成10年3月に大学・短大を卒業したがそれまでに1種若しくは2種のいずれの免許状取得のための所要資格をも得ておらず、その後新たに大学・短大に科目等履修生として在学し免許状取得のための単位修得をするような場合については、介護等体験を行うことが原則として必要となる。ただし、例えば、平成10年3月の大学・短大卒業と同年4月の免許状取得のための単位修得に関わる科目等履修生の登録が連続しているような場合については、免許制度上は実質的に在学関係が継続しているものとみなされるから、介護等体験は要しない。

いずれにしても、このような介護等体験の要・不要の判断について不明な点等がある場合は、必ず大学・短大の担当者に確認をする必要がある。

第3節　介護等体験のための手続き等

　受入施設決定はじめ介護等体験の手続き等については、介護等体験が基本的には大学の授業ではないが、まず大学・短大の担当者の指示を受けることが重要である。

1．受入の調整等

　介護等体験希望者が多く、それを受け入れる施設も多い状態で個別に受入の調整をすることは、希望者や受入施設にとってもかなりの困難さをともなうことになる。そこで、大学・短大、各都道府県・指定都市教育委員会および各都道府県社会福祉協議会に、この受入調整に関する役割を分担してもらい、円滑な受入を図る。

　(1)　大学・短大による名簿の取りまとめ等大学・短大は、受入施設における介護等体験を希望する学生の円滑な受入を促進するため、介護等体験を希望する者の名簿を取りまとめ、関係する社会福祉協議会や都道府県教育委員会等への一括受入依頼等について、協力することになっているので、原則として、希望する学生は受入施設と個別に受入の相談をする必要はない。まずは、大学・短大の担当者に相談することになる。

　その際、介護等体験の時期について、混雑回避等の観点から大学・短大に可能な調整が必要である。希望どおりの時期に希望どおりの施設で介護等体験ができるとは限らないので、希望学生の協力が必要である。

　(2)　教育委員会および社会福祉協議会における受入れ調整

　大学・短大で整理された名簿は、教育委員会および社会福祉協議会に送付され、そこで受入れ調整作業がなされる。

　その結果は、教育委員会および社会福祉協議会から大学・短大に回送され介護等体験希望者に連絡される。

　(3)　大学・短大過密地における混雑回避

　首都圏、近畿圏、中部圏、北九州圏の大学・短大過密地にある大学・短大については、近隣の受入施設に不足が生じることが予想される。

「このため、これらの地域以外に帰省先を有する皆さんについては、可能な限り、長期休業期間を活用するなどして帰省先で介護等体験をしていただきたいと思います」というのが、文部省の意向である。しかしながら、現実の問題としては、帰省先で介護等体験を個人的に申請してもこれらの施設は許可を出すことはないと考えた方がよい。地域によっては、介護等体験を許可する施設があるかもしれないが、ほとんど可能性は少ないと考えた方がよい。この点に関して、またもし体験可能な場合は、大学・短大の担当者に相談して具体的な連絡・申込みの方法の指導を仰ぐことが必要である。

2. 健康管理、経費の徴収等

(1) 健康管理

社会福祉施設等における介護等体験の申込みに際しては、健康診断書（コピー可）が必要になる。これは、介護等体験中に体験者や利用者等に健康上の問題が生じないようにするための配慮から必要とされるものである。施設によっては、より詳しい健康診断書が必要になることもある。詳細については、大学・短大の担当者の指示を受ける。

なお、受入れ施設によっては、通常の健康診断項目以外の項目についての診断結果が必要となる場合もあることを、体験希望者は承知しておくこと。

(2) 保険への加入

介護等体験中に、施設入所者に怪我を負わせたり、施設の備品を損傷したり、また体験者自身が怪我をするというような事故があってはならないが、起こる場合が想定される。受入れ施設側は、前もってこのようなことを想定し、このようなことの起こらないように細心の注意を払っているけれども、事故は起こると考えたほうがよいであろう。そして、万が一このような不幸なことが起こった場合は、かならず補償問題が生じてくる。

このように事故については、財団法人内外学生センターで、それらを包括的にカバーする保険を準備しているので、是非加入してもらいたい（未加入の場合は、受け入れてはもらえない）。その場合、既に大学・短大が自らの教育活動全体における事故等をカバーする保険に加入している場合とそうでない場合とで若干手続きが異なるので、大学・短大の担当者に相談し、指示を受ける必

要がある。姫路獨協大学では、この手続きは大学の方で指導する。

 (3) 経費の徴収

　介護等体験希望者の受入に伴い、社会福祉施設等においては、受入調整費用や体験費用として必要な経費が徴収される。また、その他の施設等においても必要な経費の徴収等が行われることがあるので、留意しておくこと。受入経費は、通常の場合、その他経費を含め大学・短大が事前徴収して、受入施設等へ一括納付することになるので、大学・短大の指示に従うこと。

　なお、上記経費は介護等体験に直接必要な経費で、それ以外に、交通費、受入施設での食事代、(宿泊を伴う介護等体験の場合の)シーツ洗濯代等は、当然個人負担となる。

　いずれにしても、受入れ施設により金額が異なるので、大学・短大の担当者や必要に応じて社会福祉協議会、都道府県教育委員会等に確認し、事前に明らかにしておくことが必要である。

第4節　介護等体験の受入調整方法について

　1998(平成10)年度兵庫県の介護等体験の受入調整方法について教育委員会と兵庫県教育委員会事務局教職員課(特殊教育諸学校)・兵庫県社会福祉協議会福祉人材センター(社会福祉施設)の報告を紹介しよう[5]。

第4章　介護等の体験

表4-1　介護等体験の受入調整方法について

名称等	兵庫県教育委員会		
受入対象者、体験期間	県内の大学等に在籍する者、又は県外の大学等に在籍する者で、県内に帰省先を有する者、期間は2日間		
県内大学等の申込手続	各大学等において、本県の障害児教育諸学校での介護等体験を希望する学生を取りまとめ、教職員課に所定の期日までに申し込む。本県以外の帰省先で介護等体験を希望する場合は、各大学等において当該都道府県に申し込む。		
県外大学等の申込手続	各大学等において、本県の障害児教育諸学校での介護等体験を希望する学生を取りまとめ、教職員課に所定の期日までに申し込む。		
個人申込の可否	一切認めていない。		
実施要綱の有無	有 （県独自で定めている。）	申込様式の有無	有
実施要項等の請求方法	200円切手を貼った角2号の返信用封筒を同封し、教職員課へ郵送で請求する。		
申込期間等及び決定時期	申込受付期間　当該年度5月末まで 決定時期　　　7月20日まで 　　　　　　　（来年度は変更予定）		
受入調整後の手続	受入施設・時期・人数等の調整結果について、受入学校より各大学等に通知する。各大学は必要な事項、手続き等について確認する。		
保険、健康診断書等	保険への加入は必ず行う。健康診断書の提出は不要であるが、大学が責任をもって、すべて管理する。		
証明書	体験後、受入校から大学に送付する。		
必要経費等	特になし、ただし受入校により実費負担あり。 （遠足等の弁当代等）		
備考			

表4-2　介護等体験の受入調整方法について

名称等	兵庫県教育委員会事務局教職員課（特殊教育諸学校） 兵庫県社会福祉協議会福祉人材センター（社会福祉施設）
受入対象者、 体験期間	県内の大学等に在籍する者、又は県外の大学等に在籍する者で、県内出身者等、期間は原則として連続する5日間
県内大学等 の申込手続	各大学等において、社会福祉施設等での介護等体験を希望する学生を取りまとめ、福祉人材センターに期間までに申し込む。
県外大学等 の申込手続	同上
個人申込 の可否	○一切認めていない。　　　　　　　一定の場合に限り認めている
実施要綱 の有無	有 （　　　　　　　　　）	申込様式 の有無	有
実施要項等 の請求方法	160円切手を貼った角2号の返信用封筒を福祉人材センターへ郵送する。
申込期間 等及び 決定時期	前期（6月～3月）　申込受付期間　4月1日～30日 後期（12月～3月）　申込受付期間　10月1日～29日
受入調整後 の手続	福祉人材センターより、各大学等に通知、各施設に各大学等から受入に際しての必要な事項等において確認する。
保険、健康 診断書等	保険への加入および健康診断書の提出が必要。 その他、施設によってはO-157の検査が必要。
証明書	施設から学生に手渡し若しくは大学にまとめて送付する。
必要経費等	体験料：1人10,000円（1日2,000円×5日） 受入調整申込時に各大学等が取りまとめ、一括して指定口座に振り込む
備　考	

※文部省教職員課著、『介護等体験特例法に基づく介護等体験受入調整方法一覧』、1999年、55-56頁。

教育委員会と兵庫県教育委員会事務局教職員課（特殊教育諸学校）・兵庫県社会福祉協議会福祉人材センター（社会福祉施設）の機関とも、介護等体験の受入に関して、文部省の初期の説明とはかなり相違している。まず、この介護等の体験の実習は、大学の授業ではないということで大学が深く関わる必要はないものとされたが、実際には大学を通してとか、保険加入の世話や健康診断書の管理・施設への提出など結局は大学の授業となんら変わらない。また、この実習の必要経費は文部省の話では最小限の必要経費であったが、兵庫県に関しては1日2,000円で5日間計10,000円になり学生には大きな負担になっている。その必要経費は県によって異なり学生に不平等感をいだかせる。また、個人の受入れ申請は全くできない（正確には全くはできないのではなく、受け入れるところでも大学を通して受入れ申込みをしなければならず、大学によっては事務的な負担を背負わせることになり多くの問題を生じる）、さらに希望の実習期間特に夏休暇の実習はかなえてもらえないという実情である。受入れ施設の情報を十分に得られないまま希望の施設を選んで大学に申し出ることは学生にとって未知の領域に何の情報もなく踏み込みなさいというものに近い、この情報は介護等の体験の実習のための直前指導で行われる予定であるが、申込みはその直前指導より以前に終了しているので学生の希望施設の選択はかなり困難である。文部省の考えと実習を行う現場サイドの対応はかけ離れたものである。実習を可能にする過程での修正が、予想以上の多くの負担を生み出している。これらの問題解決には、今後特殊教育学校や介護等体験の実習を受け入れる施設、都道府県教育委員会それに大学が改善点を明確にし、その解決に努力する必要がある。

　去年始めて主として短期大学と教育大学系の4年生大学で実施されたこの介護等の体験の実習は、多くの反省を生み出している。この実習に参加した学生の中には実習の意義を十分に理解せず受入れ施設がこの実習を中止させたケースがあり、この学生は所属大学の指導の後他の施設で再び実習しなければならなかった。また、施設によっては、大学が直前指導したにもかかわらず、施設からの講師派遣がなかったという理由で再度講師派遣を受け入れた直前指導が実施された。講師の謝礼も大学にとっては頭の痛いことである。

第5節　本学(姫路獨協大学)の介護等の体験の実施要項の紹介

　ここに、本学の実施要項を紹介してみることにする。
1．趣旨
　教員が個人の尊厳及び社会連帯の理念に関する知識を深めることの重要性にかんがみ、教員の資質向上及び学校教育の一層の充実を図る観点から、小学校及び中学校の教諭の普通免許状取得希望者に、障害者、高齢者等に対する介護、介助、これらのものとの交流等の体験を行うこととされた。
2．受入れ機関及び体験日数等
　(1)　兵庫県内盲・聾・養護学校(2日間)
　※日程については希望通りにならない。
　(2)　兵庫県内の社会福祉施設等(5日間)
　(受入期間)　平成12年4月1日～平成13年3月31日までの間
　※日程については一応希望に沿って調整されますが、希望どおりにはならない場合がある。
3．介護等の体験の対象者
　平成10年4月1日以降に入学した者で、中学校一種免許状の取得希望している学生が対象となる。
(注)　本学在学者以外の者については、介護等体験の受入れ手続きは取り扱わない。
4．介護等体験の体験年次
　平成12年の3年次生
5．体験の内容
　各受入れ先の指導に従って体験を行うこととなるが、概ね想定される内容は、次のとおりである。
　(特殊諸学校)
　養護学校等での授業の補助、学校行事をはじめ校務全般にわたる手伝いなどが想定される。

（社会福祉施設等）

　介護、介助、のほか、障害者等との話相手、散歩の付添いなどの交流の体験、あるいは掃除や洗濯といった障害者と直接接することはないが、受入れ施設の職員に必要とされる業務の補助など、介護等の体験を行う者の知識・技能の程度、受入れ施設の種類、業務の状況等に応じ、幅広い体験が想定される。

6．介護等体験の費用
　(1)　盲・聾目養護学校　　必要経費（給食代、印刷費等）実費（直接体験先に支払う）
　(2)　社会福祉施設等　　　体験費用10,000円、大学事務経費5,000円（賠償責任保険料250円含む）合計15,000円を大学の証紙で納入。

7．申込方法
　(1)　平成11年12月3日（金）午後5時までに、所定の申込用紙に必要事項を記入し、教学課教務係の窓口へ提出すること。
　<u>なお、学生個人が社会福祉施設等へ直接申し込むことは出来ないので、遅滞なく提出すること。</u>
　(2)　いったん納入された費用（15,000円）については、いかなる場合でも返却されない。

8．その他
　(1)　介護等体験の参加を取り止める場合、必ず「介護等体験取消し届け」を提出すること、届け出用紙は教学課の窓口で受けとる。
　　　また、病気や事故などにより介護等体験の実施期日を変更しなければならない事態が生じた場合、本人が直接当該社会福祉施設に連絡し、その指示にしたがうこと。
　(2)　後日、各個人が体験する施設の注意事項、集合時間を教学課の窓口で配布するので、掲示に注意して必ず取りにくること。
　(3)　介護等体験に係わる事前指導の日程については、後日、掲示するので掲示板には十分注意すること。
　(4)　兵庫県外の都道府県における介護等体験手続きは取り扱わない。
　(5)　社会福祉施設等へ健康診断書を提出する必要があるので、予め各自で

用意すること、保険に加入するため、体験する日の2週間前までに教学課学生係へ申し込むこと。

また、社会福祉施設等によっては、O-157の検査を受けなければならない場合もある。

本学(姫路獨協大学)の介護等の体験の実施要項は、多くの反省点がみられるが、これらの改善には大学自体の厳しい取組が必要になる。始めての試みであり、学生には多くの不満を抱く者がいた。なかでも、学生の施設希望の制限は大学が早急に取り組む必要がある。

付録1 「小学校及び中学校の教諭の普通免許状授与に係わる教育職員免許法の特例等に関する法律」(平成9年法律第90号)
(趣旨)
第1条 この法律は、義務教育に従事する教員が個人の尊厳及び社会連帯の理念に関する認識を深めることの重要性にかんがみ、教員としての資質向上をはかり、義務教育の一層の充実する観点から、小学校又は中学校の教諭の普通免許状の授与を受けようとする者に、障害者、高齢者等に対する介護、介助、これらの者との交流等の体験を行わせる措置を講ずるため、小学校及び中学校の教諭の普通免許状の授与について教育職員免許法(昭和24年法律第147号)の特例等を定めるものとする。
(教育職員免許法の特例)
第2条 小学校又は中学校の教諭の普通免許状の授与についての教育職員免許法第5条第1項の規定の適用については、当分の間、同項中「修得した者」とあるのは、「修得した者(18歳に達した後、7日を下らない範囲内において文部省令で定める期間、盲学校、聾学校若しくは養護学校又は社会福祉施設その他の施設で文部大臣が厚生大臣と協議して定めるものにおいて、障害者、高齢者等に対する介護、介助これらの者との交流等の体験を行った者に限る。)」とする。

2 前項の規定により読み替えられた教育職員免許法第5条第1項の規定による体験(以下「介護等の体験」という。)に関し必要な事項は、文部省

令で定める。
　3　介護等に関する専門的知識及び技術を有する者又は身体上の障害により介護等の体験を行うことが困難な者として文部省令で定めるものについての小学校及び中学校の教諭の普通免許状の授与については、第1項の規定は、通用しない。

（関係者の責務）

第3条　国、地方公共団体及びその他の関係機関は、介護等の体験が適切に行われるようにするために必要な措置を講ずるように努めるものとする。
　2　盲学校、聾学校及び養護学校並びに社会福祉施設その他の施設で文部大臣が厚生大臣と協議して定めるものの設置者は、介護等の体験に関し必要な協力を行うよう努めるものとする。
　3　大学及び文部大臣の指定する教員養成機関は、その学生又は生徒が介護等の体験を円滑に行うことができるよう適切な配慮をするものとする。

（教員の採用時における介護等の体験の勘案）

第4条　小学校又は中学校の教員を採用しようとする者は、その選考に当たっては、この法律の趣旨にのっとり、教員になろうとする者が行った介護等の体験を勘案するよう努めるものとする。

付　則

1　この法律は、平成10年4月1日から施行する。
2　この法律の施行の日前に大学又は文部大臣の指定する教員養成機関に在学した者で、これらを卒業するまでに教育職員免許法別表第1に規定する小学校又は中学校の教諭の普通免許状に係る所要資格を得たものについては、第2条第1項の規定は、適用しない。

付録2　「小学校及び中学校の教諭の普通免許状授与に係わる教育職員免許法の特例等に関する法律施行規則」（平成9年11月26日文部省令第40号）

　「小学校及び中学校の教諭の普通免許状授与に係わる教育職員免許法の特例等に関する法律」（平成9年法律第90号）第2条第1項、第2条第1項、第2項及び第3項の規定に基づき、小学校及び中学校の教諭の普通免許状授与に係

る教育職員免許法の特例等に関する法律施行規則を次のように定める。
(介護等の体験の機関)
第1条　小学校及び中学校の教諭の普通免許状授与に係わる教育職員免許法の特例等に関する法律(以下「特例法」という。)第2条第1項の文部省令で定める期間は、7日間とする。
(介護等の体験を行う施設)
第2条　特例法第2条第1項の文部大臣が定める施設は次のとおりとする。
　一　児童福祉法(昭和22年法律第164号)に規定する乳児院、母子生活支援施設、児童養護施設、精神薄弱児施設、精神薄弱児通園施設、盲ろうあ児施設、肢体不自由児施設、重症心身障害児施設、情緒障害児短期治療施設及び児童自立支援施設
　二　身体障害者福祉法(昭和24年法律第283号)に規定する身体障害者更生施設、身体障害者療護施設及び身体障害者授産施設
　三　精神保健及び精神障害者福祉に関する法律(昭和25年法律123号)に規定する精神障害者生活訓練施設、精神障害者授産施設及び精神障害者福祉工場
　四　生活保護法(昭和25年法律第144号)に規定する救護施設、更生施設及び授産施設
　五　社会福祉事業法(昭和26年法律第45号)に規定する授産施設
　六　精神薄弱者福祉法(昭和35年法律第37号)に規定する精神薄弱者更生施設及び精神薄弱者授産施設
　七　老人福祉法(昭和38年法律第133号)に規定する老人ディサービスセンター、老人短期入所施設、養護老人ホーム及び特別養護老人ホーム
　八　心身障害者福祉協会法(昭和45年法律第44号)第17条第1項第1号に規定する福祉施設
　九　老人保健法(昭和57年法律第80号)に規定する老人保健施設
　十　前9号に掲げる施設に準ずる施設として文部大臣が認める施設
(介護等の体験を免除する者)
第3条　特例法第2条第3項に規定する介護等の体験に関する専門的知識及び技術を有する者として文部省令で定めるものは次の各号の一に該当する者と

する。
一　保健婦助産婦看護法（昭和23年法律第203号）第7条の規定により保健婦の免許を受けている者又は同法第59条の2において準用する同法第7条の規定により保健士の免許を受けている者
二　保健婦助産婦看護法第7条の規定により助産婦の免許を受けている者
三　保健婦助産婦看護法第7条の規定により看護婦の免許を受けている者又は同法第60条第1項において準用する同法7条の規定により看護士の免許を受けている者
四　保健婦助産婦看護法第8条の規定により準看護婦の免許を受けている者又は同法第60条第1項において準用する同法8条の規定により準看護士の免許を受けている者
五　教育職員免許法（昭和24年法律第147号）第5条第1項の規定により盲学校、聾学校又は養護学校の教員の免許を受けている者
六　理学療法士及び作業療法士法（昭和40年法律第137号）第3条の規定により理学療法士の免許を受けている者
七　理学療法士及び作業療法士法第3条の規定により作業療法士の免許を受けている者
八　社会福祉士及び介護療法士法（昭和62年法律第30号）第4条の規定により社会福祉士の資格を有する者
九　社会福祉士及び介護福祉士法第39条の規定により介護福祉士の資格を有する糞
十　義肢装具士法（昭和62年法律第61号）第3条の規定により義肢装具士の免許を受けている者
2　特例法第2条第3項に規定する身体上の障害により介護者の体験を行うことが困難な者として文部省令で定めるものは、身体障害者福祉法第4条に規定する身体障害者のうち、同法第16条第4項の規定により交付を受けた身体障害者手帳に、障害の程度が1級から6級である者として記録されている者とする。
（介護等の体験に関する証明書）

第4条　小学校又は中学校の教諭の普通免許状の授与を受けようとする者は、教育職員免許法第5条第6項に規定する授与権者に申請するにあたっては、介護等の体験を行った学校又は施設の長が発行する介護等の体験に関する証明書を提供するものとする。
　2　学校又は施設の長は、小学校又は中学校の普通免許状の授与を受けようとする者から請求があったときは、その者の介護等体験に関する証明書を発行しなければならない。
　3　証明書の様式は、別記様式のとおりとする。
附　則
　この省令は、平成10年4月1日から施行する。

付録3　「小学校及び中学校の教諭の普通免許状授与に係わる教育職員免許法の特例等に関する法律施行規則に掲げる施設に準ずる施設を指定する件」（平成9年11月26日文部省告示第187号）
　小学校及び中学校の教諭の普通免許状授与に係わる教育職員免許法の特例等に関する法律施行規則（平成9年文部省令第40号）第2条第10号の規定により、同条第1号から第9号に掲げる施設に準ずる施設として文部大臣が認める施設を、次のように指定する。
　　一　児童福祉法（昭和22年法律第164号）第6条の2第3項に規定する児童デイサービス事業であって、市町村が実施し、又は委託するものを行う施設
　　二　身体障害者福祉法（昭和24年法律第283号）第4条の2第3項に規定する身体障害者デイサービス事業であって、市町村が実施し、又は委託するものを行う施設
　　三　精神薄弱者を施設に通わせ、入浴、食事の提供、機能訓練その他の便宜を提供し、かつ精神薄弱者を現に介護する者に対し介護方法の指導その他の便宜を提供する事業であって、市町村が実施し、又は委託するものを行う施設
　　四　高齢者又は身体障害者に対し老人福祉法（昭和38年法律第133号）第10条の第4第1項第2号又は身体障害者福祉法第18条第1項第2号に規定する

便宜を提供し、併せて高齢者、身体障害者等に対する食事の提供その他の福祉サービスで地域住民が行うものを提供する事業であって、市町村又は社会福祉法人が実施するものを行う施設

五　老人福祉法第29条第1項に規定する有料老人ホームのうち、当該有料老人ホーム内において介護サービスの提供を行うことを入居契約において定めているもの（軽度の介護サービスの提供のみを行うものを除く。）

六　原子爆弾被害者に対する援護に関する法律（平成6年法律第117号）第39条に規定する事業を行う施設

七　児童福祉法第27条第2項に規定する指定国立療養所等

付録4　「小学校及び中学校の教諭の普通免許状授与に係わる教育職員免許法の特例等に関する施行について」（平成9年11月26日文教教第230号：文部事務次官通達）

　去る6月16日、別添の通り、「小学校及び中学校の教諭の普通免許状授与に係わる教育職員免許法の特例等に関する法律」（平成9年法律第90号。以下「法」という。）が公布され、平成10年4月1日から施行されることになりました。

　また、これに伴い、11月26日には、「小学校及び中学校の教諭の普通免許状授与に係わる教育職員免許法の特例等に関する法律施行規則」（平成9年文部省令第40号。以下「省令」という。）が公布（平成10年4月1日施行）されるとともに、省令第2条第10号に該当する施設に係る文部大臣の指定が告示されました（平成9年文部省告示第187号。以下「告示」という。）

　法、省令及び告示の制定趣旨、内容等は下記の通りですので、各位におかれては、事務処理上遺漏のないように願います。

　なお、各都道府県知事及び各都道府県・指定都市教育委員会にあっては、貴管下の関係機関等に対して、下記の内容を周知されるように願います。

記

1　制定趣旨等

　今回の法の制定趣旨は、義務教育に従事する教員が個人の尊厳及び社会連帯の理念に関する認識を深めることにかんがみ、教員としての資質の向上を図り、

義務教育の一層の充実を期する観点から、小学校又は中学校の教諭の普通免許状の授与を受けようとする者に、障害者、高齢者等に対する介護、介助、これらの者との交流等の体験(以下「介護等の体験」という。)を行わせる措置を講ずるため、小学校及び中学校の教諭の普通免許状の授与について教育職員免許法(昭和24年法律第147号)の特例等を定めるものであること。(法第1条関係)

また、省令は、法第2条第1項等の規定に基づき介護等の体験につき必要な内容等を定めるものであり、告示は、省令第2条第10号の規定により文部大臣が認めることとされた施設の指定を行うものであること。

2　内容
(1)　教育職員免許法の特例としての介護等の体験の義務付け

小学校及び中学校の教諭の普通免許状を授与するための要件として、教育職員免許法第6条第1項に規定する要件に加え、当分の間、介護等の体験を要件とすること。
(法第2条第1項関係)

(2)　介護等の体験の内容

介護等の体験とは、18歳に達した後、7日間を下らない範囲内において文部省令で定める期間、盲学校、聾学校若しくは養護学校又は社会福祉施設その他の施設で文部大臣が厚生大臣と協議して定めるもの(以下「受入施設」という。)において行われる介護等の体験を指すものであること。(法第2条第1項関係)

①　介護等の体験の期間

教員免許状の取得要件としての介護等の体験の期間は、7日間とすること。
(文部省令第1条関係)

②　介護等の体験の実施施設

ア．法第2条において社会福祉施設その他の施設で文部大臣が厚生大臣と協議して定めることとされている受入れ施設は、次に掲げるものとすること。
(省令第2条関係)

一　児童福祉法(昭和22年法律第164号)に規定する乳児院、母子生活支援施設、児童養護施設、精神薄弱児施設、精神薄弱児通園施設、盲ろうあ児施

設、肢体不自由児施設、重症心身障害児施設、情緒障害児短期治療施設及び児童自立支援施設

二　身体障害者福祉法(昭和24年法律第283号)に規定する身体障害者更生施設、身体障害者療護施設及び身体障害者授産施設

三　精神保健及び精神障害者福祉に関する法律(昭和25年法律第123号)に規定する精神障害者授産施設及び精神障害者福祉工場

四　生活保護法(昭和25年法律第144号)に規定する救護施設、更生施設及び授産施設

五　社会福祉事業法(昭和26年法律第45号)に規定する授産施設

六　精神薄弱者福祉法(昭和35年法律第37号)に規定する精神薄弱者更生施設及び精神薄弱者授産施設

七　老人福祉法(昭和38年法律第133号)に規定する老人デイサービスセンター、老人短期入所施設、養護老人ホーム及び特別養護老人ホーム

八　心身障害者福祉協会法(昭和45年法律第44号)第17条第1項第1号に規定する福祉施設

九　老人保健法(昭和57年法律第80号)に規定する老人保健施設

十　前9号に掲げる施設に準ずる施設として文部大臣が認める施設

イ．省令第2条第10号の「文部大臣が認める施設」は、次に掲げるものとすること。(文部大臣告示関係)

一　児童福祉法第6条の2第3項に規定する児童デイサービス事業であって、市町村が実施し、又は委託するものを行う施設

二　身体障害者福祉法第4条の2第3項に規定する身体障害者デイサービス事業であって、市町村が実施し、又は委託するものを行う施設

三　精神薄弱者を施設に通わせ、入浴、食事の提供、機能訓練その他の便宜を提供し、かつ精神薄弱者を現に介護する者に対し介護方法の指導その他の便宜を提供する事業であって、市町村が実施し、又は委託するものを行う施設

四　高齢者または身体障害者に対し老人福祉法第10条の4第1項第2号又は身体障害者福祉法第18号第1項第2号に規定する便宜を提供し、併せて高

齢者、身体障害者に対する食事の提供その他の福祉サービスで地域住民が行うものを提供する事業であって、市町村又は社会福祉法人が実施するものを行う施設

五　老人福祉法第29条第1項に規定する有料老人ホームのうち、当該有料老人ホーム内において介護サービスの提供を行うことを入居契約において定めているもの（軽度の介護サービスの提供を行うものを除く）

六　原子爆弾被爆者に対する援護に関する法律（平成6年法律第117号）第39条に規定する事業を行う施設（いわゆる被爆者（一般）養護ホーム及び原爆被爆者特別養護ホーム）

七　児童福祉法第27条第2項に規定する指定国立療養所等

(3)　介護等の体験に監視必要な事項

法第2条第2項は「介護等の体験に監視必要な事項」は文部省令で定めることとしており、省令において、教員免許条の授与申請に当たっては介護等の体験に関する証明書を提出すること等が定められていること。（省令第4条関係）

(4)　介護等の体験を要しない者

介護等に関する専門及び技術を有すると見なされる者又は身体上に障害により介護等の体験を行うことが困難な者として文部省令で定める者は、介護等の体験を要しないこと。（法第2条第3項関係）

①　介護等に関する専門的知識及び技術を有するとして文部省令で定める者は、次に掲げるものであること。（省令第3条第1項関係）

一　保健婦助産婦看護婦法（昭和23年法律第203号）第7条の規定により保健婦の免許を受けている者又は同法第59条の2において準用する同法第7条の規定により保健士の免許を受けている者

二　保健婦助産婦看護婦法第7条の規定により助産婦の免許を受けている者

三　保健婦助産婦看護婦法第7条の規定により看護婦の免許を受けている者又は同法第60条第1項において準用する同法第7条の規定により看護士の免許を受けている者

四　保健婦助産婦看護婦法第8条の規定により准看護婦の免許を受けている者又は同法第60条第1項において準用する同法第8条の規定により准看護

士の免許を受けている者
　五　教育職員免許法（昭和24年法律第147号）第5条第1項の規定により盲学校、聾学校又は養護学校の教員の免許を受けている者
　六　理学療法士及び作業療法士法（昭和40年法律第137号）第3条の規定により理学療法士の免許を受けている者
　七　理学療法士及び作業療法士法第3条の規定により作業療法士の免許を受けている者
　八　社会福祉士及び介護福祉士法（昭和62年法律第30号）第4条の規定により社会福祉士の免許を有する者
　九　社会福祉士及び介護福祉士法第39条の規定により介護福祉士の資格を有する者
　十　義肢装具士法（昭和62年法律第61号）第3条の規定により義肢装具士の免許を受けている者
② 身体上の障害により介護等の体験を行うことが困難な者として文部省令で定める者は、身体障害者福祉法第4条に規定する身体障害者のうち、同法第15条第4項の規定により交付を受けた身体障害者手帳に、障害の程度が1級から6級である者として記載されているものとすること。（省令第3条第2項関係）
(5) 関係者の資格
① 国、地方公共団体及びその他の関係機関は、介護等の体験が適切に行われるようにするために必要な措置を講ずるよう努めるものとすること。（法第3条第1項関係）
② 盲学校、聾学校及び養護学校並びに社会福祉施設その他の施設で文部大臣が厚生大臣と協議して定めるものの設置者は、介護等の体験に関し必要な協力を行うよう努めるものとすること。（法第3条第2項関係）
③ 大学及び文部大臣の指定する教員養成機関は、その学生又は生徒が介護等の体験を円滑に行うことができるよう適切な配慮をするものとすること。（法第3条第3項関係）
(6) 教員の採用時における介護等の体験の勘案

小学校又は中学校の教員を採用しようとする者は、その選考にあたっては、この法の趣旨にのっとり、教員になろうとする者が行った介護等の体験を勘案するよう努めるものとすること。(法第4条関係)

(7)　施行期日等

①　法及び省令は平成10年4月1日から施行すること。(法附則第1項、省令附則関係)

②　この法律の施行の日(平成10年4月1日)前に大学又は文部大臣の指定する指定教員養成機関に在学した者で、これらを卒業するまでに教育職員免許法別表第1に規定する小学校又は中学校の教諭の普通免許状に係る所要資格を得たものについては、法第2条第1項の規定は適用しないこと。(法附則第2項関係)

3　留意事項

(1)　介護等の体験の内容等について

①　法第2条第1項にいう「障害者、高齢者等に対する介護、介助、これらの者との交流等の体験(介護等の体験)」とは、介護、介助のほか、障害者等の話相手、散歩等の付添いなどの交流等の体験、あるいは掃除や洗濯といった、障害者等と直接接するわけではないが、受入施設の職員に必要とされる業務の補助など、介護等の体験を行う者の知識・技能の程度、受入施設の種類、業務の内容、業務の状況等に応じ、幅広い体験が想定されること。

②　1日当たりの介護等の体験の時間としては、受入施設の職員の通常の業務量、介護等の体験の内容等を総合的に勘案しつつ、適切な時間を確保するものとすること。

③　介護等の体験の期間、7日間の内訳については、社会福祉施設等5日間、特殊教育諸学校2日間とすることが望ましい。

期間の計算については、受入施設においてそれぞれ連続して介護等の体験を行う場合のほか、免許状取得までの数年間を通じ、長期休業期間中や土曜日・日曜日などに数度に渡って、異なる2以上の受入施設において1日単位で介護等の体験を行うことなども想定されること。

④　告示第1号から第4号に規定する各施設は、主に下表別添通知の欄に掲

げる通知に記された施設であることから、当該通知を参考にされたい。

表4-3

	告　　示	別　添　通　知
1号	児童福祉法(昭和22年法律第164号)第6条の2第3項に規定する児童デイサービス事業であって、市町村が実施し、又は委託するものを行う施設	昭和47年8月23日児発第545号厚生省児童家庭局通知「心身障害児通園事業について」別紙(心身障害児通園事業実施要綱)に基づく心身障害児通園事業を行う施設
2号	身体障害者福祉法(昭和24年法律第283号)第4条の2第3項に規定する身体障害者デイサービス事業であって、市町村が実施し、又は委託するものを行う施設	平成2年12月26日社資第255号厚生省社会局長通知「身体障害者居宅生活支援事業の実施等について」別紙2(身体障害者デイサービス事業実施要綱)に基づく身体障害者デイサービス事業を行う施設
3号	精神薄弱者を施設に通わせ、入浴、食事の提供、機能訓練その他の便宜を提供し介護する者に対し介護方法の指導その他の便宜を提供する事業であって、市町村が実施し、又は委託するものを行う施設	平成9年9月30日児発832号厚生省児童家庭局長通知「在宅精神薄弱者デイサービス事業実施要綱」に基づく「在宅精神薄弱者デイサービス事業」を行う在宅精神薄弱者デイサービスセンター
4号	高齢者又は身体障害者に対し老人福祉法(昭和38年法律第133号)第10条の4第1項第2号又は身体障害者福祉法第18号第1項第2号に規定する便宜を供与し、併せて高齢者、身体障害者に対する食事の提供その他の福祉サービスで地域住民が行うものを提供する事業であって、市町村又は社会福祉法人が実施するものを行う施設	平成6年6月23日社援地第74号厚生省社会・支援局長通知「地域福祉センターの設置運営について」別紙(地域福祉センター設置運営要綱)に基づく地域福祉センター

⑥　法第2条第3項の規定により介護等の体験を要しないこととされた者についても、介護等の体験を行いたい旨の希望があれば、本人の身体の状況、受入施設の状況等を総合的に勘案しつつ、可能な限りその意思を尊重することが望ましい。

(2)　受入の調整等について

①　介護等の体験を行う学生の円滑な受入の確保については、とりわけ社会福祉協議会、社会福祉施設、都道府県教育委員会・社会福祉施設担当部局、指定都市教育委員会、特殊教育諸学校等の関係者に格段の協力を願いたいこと。

なお、そのための連絡協議の体制整備を文部省において検討中であるが、当面、必要に応じ、関係者の情報交換の機会の設定等を都道府県教育委員会にお願いしたいこと。

②　学生の受入のための調整窓口に関しては、各都道府県ごとに、社会福祉施設等については各都道府県社会福祉協議会、都道府県立・指定都市立特殊教育諸学校については各都道府県・指定都市教育委員会に協力を願いたいこと。

③　大学等においては、受入施設における介護等の体験を希望する学生の円滑な受入を促進するため、介護等の体験を希望する者の名簿をとりまとめ、大学等の所在地の社会福祉協議会や都道府県教育委員会等への一括受入依頼等について格段の協力を願いたいこと、その際、学生の介護等体験の時期について、最終学年等特定の時期に偏らないようにするなどの可能な調整を願いたいこと。

④　首都圏、近畿圏等に所在する大学等については、近隣の受入施設に不足が生じることが予想されることから、とりわけ介護等の体験を希望する学生のうちこれらの地域以外に帰省先を有する者等については、可能な限り、長期休業期間を活用するなどして帰省先での介護等の体験の実施促進に協力願いたいこと。この場合における、受入に関する相談は、当該帰省先等の都道府県社会福祉協議会及び都道府県教育委員会に協力願いたいこと。

⑤　大学等においては、介護等の体験に必要な事前指導の実施に格段の協

力を願いたいこと。なお、文部省において、事前指導のための参考資料の作成等を予定していること。

⑥　介護等体験希望者の受入に伴い、社会福祉施設における介護等の体験については、必要な経費の徴収等が行われることが予定されていること。なお、その他の施設等においても必要な経費の徴収等が行われる場合があること。これらのことについて、大学等は、混乱の生じること等がないよう、介護等の体験を希望する学生に周知されたいこと。

(3) 施行期日その他について

①　この制度は、主として平成10年４月の大学等の新入学生から適用されるものであるが、平成10年３月31日以前に大学等に在学した者であっても、卒業までの間に小学校又は中学校教諭の専修、１種若しくは２種のいずれの免許状取得のための所要資格をも得なかった者については、平成10年４月以降新たにこれら免許状を取得しようとする場合、介護等の体験を行うことが必修となること。

　このため、例えば、平成10年３月に大学を卒業したが卒業までに上記いずれの免許状取得のための所要資格をも得ておらず、平成10年４月以降大学に聴講生等として在学し免許状取得のための単位習得をするような場合については、介護等の体験を行うことが必要となること。

②　介護等の体験に伴い想定される事故等に対応した保険について、文部省において関係機関と調整中であること。その詳細については別途周知する予定であること。

〔引用文献〕
(1)　文部省教職員課著、「介護等体験の実施について」参考資料、1998年、１頁。
(2)　同著、３頁。
(3)　現代教師養成研究会編、教師をめざす人の『介護等の体験ハンドブック』、大修館書店、1995年、38頁。
(4)　本章の第２・３節は、文部省教職員課著、「介護等体験の実施について」参考資料（1998年、4-11頁）一部修正して引用している。
(5)　文部省教職員課著、『介護等体験特例法に基づく介護等体験受入調整方法一覧』、1999年、55-56頁。

第5章　学級崩壊の現状と担任教師の学級放棄

第1節　学級崩壊を考える

　学級崩壊が社会問題として提示されたのは、1998年11月のある朝の朝日新聞朝刊である。一面に「学級崩壊、文部省実態把握の方針」という記事が掲載され、見開きの特集面には大きく「授業不能」「学級崩壊」の文字が見つけられた。社会の急激な変化とともに社会問題として見なされる教育問題が連続的に変化・巨大化しながら何ら解決もされないまま学校に通う子どもとその子らの保護者・教師・教育関係者・教育研究者だけでなく、一般社会人まで巻き込んだ厳しい苦悩問題となっている、今後さらに形を変えながら消滅することなくモンスターと生長していくことが予想される。事実、近年において、校内暴力・いじめ・登校拒否（不登校）・キレる子・殺人事件・いじめによる自殺、今度は学級崩壊とどこまでいっても、正確な原因がわからないまま解決されることなく教育問題が生まれている。教育の問題を根本的に解決できないまま、日本の経済不況克服が国の最優先政策として国内・外で論じられるようにな

り、教育の問題はマスコミにおいても一面から姿を消し、記事不足の時紙面を賑わすだけである。政治改革、行政改革、社会構造の改善、個人個人の反省と改善のための意志の堅持と改革実施、マスコミの構造改革など国民全体が真剣に考えなければならない時代を迎え、真摯な対応を求められている。

　1999年8月号の『文藝春秋』の特集に「学校の死」が組まれた。そこには、「教師と生徒は『敵』である」（諏訪哲二&プロ教師の会）、「自由の森学園は暴力に支配された」（木幡寛）、「友が丘中学　少年Aが残した傷」（吉岡忍）、「世紀末の病『ひきこもり』百万人の悲劇」（久田恵）、「21世紀教育論」（松原仁他）が70頁にわたって展開されていた。

　「教師と生徒は『敵』である」において、日常的な戦争状態を避けろ！と題してプロ教師緊急提言七カ条を提案している、それによると①　学級崩壊の犯人探しをするな。②　教師と生徒は「敵」である。③　生徒の内面には踏み込むな。④　「やればできる」と生徒に言うな。⑤　「話せばわかる」は嘘である。⑥　親が可愛いのは自分の子どもだけ。⑦　学校が教えるのは、真実ではない。の七カ条である。

　諏訪哲二は、これら現実の孕んでいるさまざまな矛盾の最たるものとして、底辺の高校の存在理由を考えている。「かつては勉強できない生徒も、定時制に通いながら自分で立派に稼いでいたり、ワルはワルなりに、自分のプライドを維持させているものを持っていた。少し角度を変えてあげれば、いい子がいて、面白い子がいて、魅力的な子がいて、これが人間なんだと思っていた。ただ、狭い自己にこだわっている自我があるだけなのです。」[1]　その上で、彼はもうすぐ日本に新しい階級社会が到来するとしている。

　学級崩壊は当初教師個人の力量不足の問題として処理されていたが、教師個人レベルの問題ではもはやなくなった。全国で広がり、このまま拡大していけばどの教師にも崩壊は起こりえることになる。学級崩壊を考えるにあたり、一冊の本を参考にしてみたい。その本は、朝日新聞社会部著、『学級崩壊』（朝日新聞社、1999年）である。ここには、前書きの「学級崩壊とは何か」が載せてある。そこには、学級崩壊を初期の段階から観てきた社会部の氏岡真弓の学級崩壊の原因究明と現実の姿が表現されている。そこに表現されているのが、

「何がおこっているのか」「キレる子が増えたせい？」「好悪をこえたパニック」「まるでカーニバル」「教師いじめ」「子どもたちの声」「社会の縮図」「学級担任制は時代遅れ」「情報公開の大切さ」「リアルじゃない学校」「学校の意味は」の各節のタイトルである。そこから考えられる学級崩壊の現状と原因究明の現実は次のように考えられている。初期の学級崩壊の図式は、「ムカつきキレる『新しい荒れ』が中学校から降りてきて、小学校にもキレる子が増えたせいで、物理的に授業ができなくなる状態」[2]と考えられていたが、「高学年の場合と低学年の場合ではタイプが違うのではないか」と思われるようになった。高学年に関していえば、なるほどこれらの学年の崩壊は、担任を拒否し、授業を妨害するという性格が強い。それに対して、低学年においてはクラスとしてのふるまいができていたものが崩れるというよりも、もともと入学時からできていないのである。その後この図式は、高学年の崩壊が予期したもの以上に厳しいものであることがわかった。それは、感情をコントロールできない子ども以外の子どもたちは教師の味方をすることなく反教師の態度をとることで示された。

　学級崩壊は、「突然表情を変え、暴れ出す個人の問題だけではなく、クラスという『場』の問題である。」[3]「ストレスをためているのは感情を爆発させる子どもだけでなく、黙って傍観している子どももストレスをためているのである。高学年の崩壊クラスでは、すべてのクラスで子どもたちの間に無視や暴力など深刻ないじめがある。この視点から観ると、「『学級崩壊』の構図は、『いじめ』に似ていると感じた。『被害者』を教師にするなら、『加害者』が崩壊の引き金を引く子、『傍観者』が回りの子だ。クラスの中では、反担任で同調を求める強い圧力がある。高学年の『学級崩壊』は『教師いじめ』と言ってもいいのではないか、と思う。」[4] これは子どもたちの声の中にも見受けられる、「悪いけれども、先生より友達が大事」[5]。子どもたちのストレスの原因は、教師だけでなく家族関係や友達関係に深く関わっている。しかも、それぞれの子どもによってその原因もさまざまである。また、一人の時は問題のある行動を起こすことはない子どもも周りの影響に作用される。「クラスのメンバーの組み合わせによって、学級という『コップにたまる子どもたちのストレスの水位の上がり方が異なる。教師との組み合わせもある。」[6] 過去の悩みは、貧困に

よるものが中心であった。ある意味で、誰でもが目に見える悩みであった。だが、今日はそれだけでなく豊かさがあることにより複雑になりその悩みは表面に表れてはこないのである。若い教師の採用が少子化と財政難さらに高度な力量をもつ教師採用希望によりかなり厳しくなっている。そのため教師の高齢化により世代の差が拡大し、子どもを理解することがますます困難になっている。これは、「『学級崩壊』は、学校だけの教育問題というよりは、いまの社会の持つ問題の縮図」[7] である。

今教師に求められることは、「上下関係に頼らず、子どもとどう関係を結ぶか」(同著17頁) を問われている。また、「教師が、学校がどう自らを開き、コミュニケーションをしていくか、それと同時に、親たちも学校や教師と、そして親同士どう関係を結んでゆくかが問われている」[8] のである。

学校と親、学校と子ども、教師と子どもの間のズレ (価値観を含めて) の大きさとそれを意識していない学校には深刻な問題 (正確には学校崩壊といったほうがよいであろう) がある。本来学級崩壊と学校崩壊の区別は厳格にする必要があるが、ここでは、学級崩壊の延長線上に学校崩壊があると考える。

第2節　学級崩壊の現状

学級崩壊がマスコミ (NHKや朝日新聞など) で報道されて、学級崩壊の問題がクローズ・アップされている。しかし、学級崩壊の実態は明らかにされておらず、その原因も明白ではない。この問題は他の学校病理と比較しても相対的に知られていない。それゆえ、この問題に対する根本的な解決のための方策は見い出されておらず、多くの解明すべきものを残しているといえる。そのためには、この問題の「①　始まった時期 (年・年代)、②　地域の特徴・特性の有無、③　学校の規模、④　学年 (年齢) 差、⑤　学期における始まりの時期、⑥　引き金 (きっかけ)、⑦　『学級崩壊』が起こった学級に共通する特徴の有無、⑧　『学級崩壊』が始まったときの担任の対応とその結果 (効果)、⑨　根本的な対策等」[9] を明らかにしていく必要がある。

第5章　学級崩壊の現状と担任教師の学級放棄　　141

　学級崩壊の現状を先の朝日新聞社会部著、『学級崩壊』（朝日新聞社、1999年）の中から紹介してみよう。

<u>朝から疲れきっている</u>[10]
　大阪府北東部の住宅地にある市立小学校。ユウスケ先生（46）が、荒れる六年のクラスを引き受けたのは1997年春だった。
　男子10人以上が教室を出たり入ったり。六月になると、女子の中にも無断で教室を飛び出し、トイレにこもってひそひそ話をする子どもが出てきた。ほかの先生たちに教室へ「追い込ん」でもらわないと授業がはじまらない。
　やっと始まっても、机の上にはノートも教科書もでない。暇つぶしに彫刻刀で穴を彫り、壁には落書き。教室の後ろではボールを投げ合っている。
　テスト用紙を配っても、名前も書かずに紙飛行機にして投げ飛ばす。採点して返してもらったテストもそのまま捨ててしまう。床はすでにゴミの山になった。それでいて、「こんなん授業を受けたってわからんもん。ちっともおもしろくない」などと言う。給食の時間。力の強い男の子が、勝手におかずを二杯分盛りつける。給食室にある献立の見本から、勝手にデザートを持ち出す子がいる。ちぎったパンや、トイレから持ち出したせっけんを投げ合う。
　ほうき、ドア、本と備品が次々に壊された。けんかも頻繁で、止めに入ろうとしたら、興奮した男子が、ユウスケ先生の腕時計を柱に打ち付けて割ろうとした、黒板に牛乳びんを投げつけ、破片が教室に飛び散ったこともある。
　一学期も後半に入ると、車を運転しての通勤途中、その日一日を想像して体が硬直し、もう疲れ切っているのが自分でもわかった。二十年を越える教師生活で経験がないほど息詰まる毎日だった。

<u>担任が十人必要？</u>[11]
　「よく、あの人、センセやっていられんね」
　東京都内の小学校。五年生を担任するノブコ先生（52）が98年10月、授業中に机の間を歩いていて、聞こえてきた声だ。
　声の主は成績のいい女子だった。「センセ」が自分のこととは思わなかった。学級全体が荒れ始めたのは、その二週間後である。

黒板に「ノブコのバーカ」と書き殴ってある。消そうとしても、黒板消しがない。あわてる姿を見つめる視線を背中に感じ、「冷静に、冷静に」と自分に言い聞かせながら、ぞうきんでぬぐった。
　おしゃべりを注意すると、怒りを爆発させ、いすを投げた男の子が「おーい」と廊下から声をかけると、「ハーメルンの笛吹き男」のように、39人全員がぞろぞろ授業から出ていった。
　「なんでなの」という疑問でいっぱいになったノブコ先生は、保健室のカヨ先生に子どもの言い分を聞いた。
　子どもたちはこう言ったという。
　「いじめられて言いに行っても、後で、というばっかり」「ちゃんと、きちっとが口癖」「出来る子を差別する」「子ども同志のことに口をはさみたがる」……。
　不満が出ないようにしようとしたら、担任が10人は要りそうだ、とノブコ先生は思う。
　「前は教師がきちっとさせるとか、冗談を言って緊張をほぐすとか決め技を持っていて、それが全員に通じた。でもね今は、どだい無理です。」
　カヨ先生には、こうも言われた。「先生の一所懸命やマジメがよくないのよ」
　「それじゃあ、教育にならないじゃないの」とノブコ先生は言い返したのだが。

　これらの学級崩壊の現状は、教育・学級経営に大きな障害となっていて、教育関係者とりわけ教育現場の教員にとっては深刻な問題である。

第3節　担任教師の学級放棄

　子どもたちが引き起こす学級崩壊と共に教師の深刻なる問題である学級放棄は、まさに現在の学校崩壊という危機を招いている。
　ある地方の新聞（中国新聞朝刊、1999年9月1日付け）のアンケート調査を

参考に担任教師の学級放棄について考えてみよう。

　広島市内の小、中学校の教師と広島大学教育学部の学生を対象にアンケートしたものである。キレる子や学級崩壊など子どもたちの新しい荒れが問題化される中、半数近くの教師が「辞めたいと思ったことがある」と答えている。

　昨年と一昨年に広島市教育委員会に採用された教師 2, 3 年生 136 人のほか、市内の全小・中学校 195 校の校長、さらに各小・中学校の学年主任一人ずつを対象にした。教師を目指す広島大学学校教育学部の学生 95 人にも聞いた。

　若手教師校長、学年主任とも質問は 15 項目。「学級崩壊の現象についてどう思うか」のほか、若手教師には「抱いていた教師像との現実のギャップは」、校長には「学校運営で、最も気を遣う点は」、学年主任には「管理職、教育委員会に求めることは」など個別の質問も添えた。大学生にも 7 項目を聞いた。

　44 人から回答のあった若手教師は、18 人が「辞めたい」と思った経験があり、「逃げ出したい」の 5 人を加えると、52％に達した主に 40 代の教師である学年主任 (52 人) も 48％に上った。

　ところで、文部省は 1999 年 9 月 13 日 (月) に「学級崩壊」の中間報告をしている。翌日の神戸新聞朝刊には、「7 割が指導力不足」——3 つ以上要因絡み・教師の能力超す——と題して掲載されている。それによると、次の内容である。

　子どもたちの私語や立ち歩きなどで授業ができなくなる小学校の「学級崩壊」をめぐり文部省は 13 日、初めて行った実態調査の中間報告を発表した。全国から集めた 102 例について「授業内容に不満」など平均 3 つ以上の複合的な要因が絡み、担任教師の指導力不足が一因とみられるケースが、最多の 73％近くは、指導力不足がある教師でも学級運営が困難という深刻な姿を浮き彫りにした。学級規模や教師の年齢、性別との相関関係も見られず、報告は学級崩壊について「特効薬はない」と指摘。文部省は「どの学校でも起こり得る」として、報告を各教育委員会に送り、指導の参考にしてもらう方針だ。最終報告は 1999 年度末にまとめる。

　調査は文部省の委託を受けた研究会 (代表・吉田茂国立教育研究所長) が 2-7

月に全国各地で実施。問題に直面した担任教師や保護者らから聞き取りをして、102例を集めた。

報告は、学級崩壊という呼び方を避け「学校がうまく機能しない状況」とした上で、要因を10タイプに分類した結果、平均3.2の要因が重なっていた。

一番多かったのは「学級運営が柔軟性を欠いている」（教師の指導力不足）の74例（74％）、続いて「授業の内容と方法に不満を持つ子どもがいる」が（64％）、「いじめなどの問題行動への対応が遅れた」が38例（37％）だった。

ほかの要因は、しつけや学校の対応に問題、教師間の連携不足など。

教師の問題点として「過去の経験をもとに対応しようとして環境の変化に適応できない」「マンネリ化した授業から脱却できない」を上げている。

一方で報告は「問題はむしろ指導力のある教師でもかなり指導が困難な学級が存在する」と強調。友人関係の希薄化など子ども自身の変化、家庭・地域社会の教育力低下も含め、多様な要因が複雑に絡み合っているとしている。

取り組みの視点として、①早期の実態把握と対応、②子どもの実態を踏まえた魅力ある学級づくり、③ティームティーチングなどの協力的な指導体制の確立、④保護者との連携などを列挙した。

ところで、この新聞のこの記事についての解説では、文部省は学級崩壊を引き起こす要因を分析しているものの、新味はなく実態追認にとどまっているとして、今後の取り組みには「早期の把握と対応」「魅力ある学級づくり」などを挙げただけで、有効な解決案を示せないままである。

指導力のない（担任としての人間的な魅力に欠ける）学級担任の学級で学級崩壊が起こるのは理解できるが、指導力のある教師にしても学級崩壊が起こる要因としては2つある。1つは、「子どもたちが私たちの予想をこえた新しい発達をとげているという側面、これに反して人間的諸能力が未形成な子供が急増しているという矛盾が渾然一体となって困難な事態を生み出している点である」[12]、もう1つは「子どもの発達的特性にかみ合わない①担任の指導法、②学校のシステム、③硬直化したカリキュラム、これらが子どもたちの矛盾を激化させ、心情的な爆発状況を招いている」[13]である。

第5章　学級崩壊の現状と担任教師の学級放棄　145

　中間報告で学級崩壊の要因の指摘やそれらの要因が絡み合って学級崩壊を引き起こすということは、これまで現場の教師や研究者たちの指摘で明らかになっていた、その点ではこの報告では新たな視点が見い出されてはいない。

　今年の2月まで、文部省幹部は「一部の現象で、短期間に解消されている」とあまりこの問題に関心を示してはいなかった。

　しかし事態の深刻化を受入れ重い腰を上げ、来年度、一人担任制の見直しを検討することや、非常勤講師の緊急派遣を決定した経緯がある。中間報告で示されたことは、文部省の認識がようやく実態に追いついたことを示しているに過ぎない。

　この中間報告において、「学級崩壊」を克服する視点として、次のものが上げられる。　第1に、「子どもたちの声をしっかり聞き取ることで、彼らの長所を生かし、短所は早期に把握して前進へ転換させること。そのためにも、学校運営への『子どもの参画』を全領域で拡げることである。その中で彼らの自己肯定心情を育て、教師とのパートナーシップを育むのである。そうしてこそ、子どもたちの心に、困難に挑戦したくなる勇気がみなぎってくるのではないか。換言すれば、『学校参画（学校におけるデモクラシー）の熟成』という課題である」。第2には、「こうした時代だからこそ、これまでの1人担任制と画一的カリキュラムにメスを入れ、多様な教師の複眼でもって、1人ひとりの児童の興味・関心を引き出すことである」。第3には、「学びそのものを見直すことである」[14]。第4に、「親との接触が欠けていて、規範意識が薄くなっている」（佐々木光郎、秋田家庭裁判所、「日本教育新聞」1999年10月22日付け）——「子どもの発達状況が非常にバラバラで、教員はどこが発達し、どこが未発達かを見極める必要があり、指導が困難な状況にある」。

　1999年度末の最終報告では、学級崩壊状態を克服した事例を検討するという。現場の教師を勇気づけるような、実践的な解決策が期待される。

　先の神戸新聞には、学級崩壊の調査事例として、次のようなものが紹介されている。

　〔教師が学級経営に柔軟性を欠いた例〕として

　6年を担任した40代の男性教師は「このクラスは集団的な訓練ができていな

い」と感じ「決まりを守ること」を強調。運動会の練習では行進を何度も繰り返した。子どもたちは前の担任との指導方針の違いに戸惑い、次第に反発。授業を妨害したり、教室を飛び出したりした。

〔授業に不満を持つ子どもの例〕として

小学3年を担当してい40代の女性教師は、指示を聞かない子どもの多さに困惑した。しかし前任の中学校などでやっていた物語の読み聞かせにこだわるだけで、授業の工夫はないまま。クラス全体を厳しくなじる教師に対し「このクラスは面白くない」と不平を言う子どもも現れ、騒々しい状態は続いた。

〔家庭のしつけや学校の対応に問題があった例〕として

1年生の2クラスは入学式から子どもたちが走り回り、親も「これがうちの教育方針」と注意しなかった。そのうち子どもたちは授業中、勝手に連れ立って外で遊び出すようになった。保護者も授業参観中におしゃべりをするような状況で、学校側も有効な対策を見つけられなかった。

〔学校と家庭との対話が不十分で対応が遅れた例〕として

40代の男性教師が担任の5年生のクラスは私語や遅刻が目立った。1学期の保護者会では「もっと厳しくしてほしい」と注文がついたが、教員の指導はうまくいかず、いじめも横行。学校は12月になってようやく保護者に協力を求めたが、保護者は担任を交代させることばかり主張し、協力する姿勢はなかった。

また、学級崩壊で苦しむのは何も教師サイドだけではない。「最悪な道に進んでしまった」「不安だらけの毎日でした」と子どもは振り返った。

東京都のある小学校。今春の卒業文集に、5年の時の学級崩壊をこう記した。

「気が付くと何かがおかしくなっていた。毎日毎日、だれかがキレてしまう状態であった。先生に使う言葉も敬語でなくなり、私たちは最悪な道に進んでしまった。あのころのことがとても怖い気がする」（女子）親が毎日、3人ずつ交代で様子を見に訪れるようになってから状況が改善し、最終的には担任が交代することで崩壊はおさまった。

ある時保健室で駆け回る子どもたちを PTA役員が一喝すると、子どもはきょとんとしたという。しかられた経験がなかったためだ。この役員は「普段から親と教師が一緒に見守る態勢をつくることが大事だと思う」と話す。

第5章　学級崩壊の現状と担任教師の学級放棄　147

　都内の別の小学校。昨年「子どもは教師に従うもの」という考えの40代女性が5年の学級を受け持った。授業を聞くのは数人だけ。男子は教室でサッカーに興じ、校長が来ると鋭い目つきで「来るんじゃね」。
　6年進級の際、担任になった男性教師（45）は、「子どもが周囲から『なぜきちんとやれない』『おまえが中心人物か』などと繰り返し言われ、傷ついた」とみる。
　この教師は「君たちを信頼している」とのメッセージを送り続け、学級は立ち直りつつある。
　夏休み明けに、教師が去年の崩壊の理由を子どもに聞いた。「授業がつまらない」「先生が嫌だった」「僕等も悪かったね」、「去年のこと」は夏までは触れづらい雰囲気があった。教師は「心にあるもんもんとした気持ちを吐きださないと、傷は癒えない」と語った。
　文部省の中間報告は指導力に問題を抱える教師や学校を中心に学級崩壊の現状を報告したに過ぎず、物足らなさを感じる。学級崩壊においても、不登校の現状・原因究明の際に「どんな子にも起こり得る」と認めた報告と同様に、どんな学校どんな学級でもまたどんな授業形態（ティーム・ティーチング、教科担任制など）でも起こり得ることをいずれは認めざるを得ないことが誰にも予測される。同省の見解はいずれ訂正されざるを得ないであろう。報告は、危機意識をもつ教師に適切な対応策をもたせることが必要である。しかし、現職の教師には何の役にも立たない。最終報告にこれらの課題対策を期待せざるを得ない。文部省は学級崩壊に関わることを整理し焦点を絞って教育の根本的な改革を前提にして取り組む必要がある。ところで、学級崩壊の中間報告から「学級崩壊」しやすい五つのタイプの教師像を教育評論家の尾木直樹は整理している（「日本教育新聞」1999年10月22日付け）。それによると、まず①「児童に対して一方的な教師」、②「子ども同士の人間関係づくりが下手な教師」、③「授業が下手な教師」、④「父母との提携が下手な教師」、⑤「心開かない教師」、である。この整理は学級崩壊を考える端緒になるであろう。

図5-1　学級崩壊の要因

教師の学級運営に柔軟性がない	74学級
授業に不満な子どもがいる	65学級
いじめなどの対応が遅れた	38学級
校内の連携・協力が未確立	30学級
家庭などの対話が不十分	27学級
特別な配慮が必要な子どもがいる	26学級
必要な養育を家庭で受けてない子どもがいる	21学級
校内での研究成果が生かされなかった	16学級
しつけや学校の対応に問題があった	14学級
就学前教育との連携・協力不足	11学級

調査対象は102学級、要因が重なっている例もある

第4節　担任教師の学級放棄と開かれた教室（学校）

　子どもたちが引き起こす学級崩壊と共に教師の深刻なる問題である学級放棄は、まさに現在の学校崩壊という危機を招いている。

　1999年9月1日付けの中国新聞朝刊に報道されたアンケート調査を参考に担任教師の学級放棄について考えてみよう。

　「理想と現実……苦悩する教師」の題で展開されていて副題に「『力量不足痛感』目立つ」と名づけられている。それによると次の内容である。

若手教師

　広島市内の小、中学校に昨年と一昨年に採用された136人のうち、44人から

回答が寄せられた。「辞めようと思ったことのある人」は18人。「逃げ出したい」という教師も5人いた。

　目立ったのは「自分の力量不足を感じた時」「学級の生徒に全く指導が出来なくなったとき」など、クラスの子どもたちに関すること。「保護者と理解し合えない状況になった時」「教員間の人間関係に疲れて」など対教師、対保護者のケースもあった。

　「教室に行くのに足が重くなるなど、この場から逃げられたらと思うことはたびたび」など、常習的に辞めたいと考える教師も5人を数えた。

　「一番つらかったこと」の質問には、「一所懸命に教材研究しても、授業が成立しなかった。学年の協力態勢がちっともなかった」「突然、キレた生徒による暴力。何が子どもたちをここまで追い詰めたのか。考えるとつらい」「保護者からも、不満が出たり、直接家に電話がかかったりしたこと」「部活で専門外のスポーツ担当になり、何も具体的な指導してやれなかった時」など、さまざまな悩みを抱えていた。

　「最近の子どもは昔と変わったと思いますか」の問いには、37人が「はい」と回答。「友人関係の薄さ」「感情をコントロールできない。かなりのストレスをかかえている」「よく言えば個性的だが、悪く言えば自己中心的。がまんできない。あきっぽさ」などを挙げ、そんな子どもたちに対応しきれない、教師の姿も浮き彫りになった。このほか、「教師を教師とも思わない態度は、昔では考えられない。小学3年生になっても、じっとすわっていられないなんて……」「状況判断ができない子どもが多い。自分のことだけしか見えていない。客観的に自分を見ることができない」などの意見も。

　その一方で、「変わっていない」と答えたのは7人。しかし「環境が変われば、子どもも変わると思う。子どもが変わったのは、大人が変わったからでは」と、注釈付きの「変化なし」を挙げた例も多かった。

　先生になりたいと思った理由は、「将来あんな教師になりたい」というように、恩師たちとのすてきな出会いが多かった。「短所だと思っていた一面を認めてくれた。子どもから学ぼうという教師の姿に感銘を受けて」「自分が一番輝いていられると思ったから。子どもたちの人間形成にかかわりたいと思った

から」

　そういう若手教師たちが抱いていた教師像と現実とのギャップはかなり大きい。44人のうち明快に「ギャップはない」と答えたのは 7 人だけ。目立ったのは教師の忙しさ。「家庭の問題が大きい。教師の立場ではどうすることもできない」「 1 日に17時間は働いている。休みも月 1 日ぐらい」「業務に追われ、子どもと接する時間がなかなか取れない」など。

　「教師の世界は閉鎖的。生徒の考えや行動に対応しきれていない。もっと実践的行動が必要」「学校の中にはさまざまな考えを持つ教師がいて、『子どものために』と、思っている人ばかりでない」など、深刻な意見もあった。

> 迎合せずに目線下げて応対／授業以外でも会話
> 年上の保護者に意見言えぬ／クラスの和に腐心

＜子どもとの関係＞
・怒る時と褒める時の区別をしっかりと。
・「私はあなたたちが好きなんだ」という気持ちを伝えるようにする。
・授業以外でも、一日一回は会話できるように心掛けている。
・共感しながらも、けじめをつける。
・高圧的にならないように目線を下げて、しかし迎合せぬように。
・一対一で話ができなくなるような関係になりたくない。
・「先生はずるい」と、いわれないように。

＜保護者との関係＞
・できるだけ良いところを伝える。
・保護者の事情にも目を向けるように心掛けるが、深入りしすぎない。
・子どもを育ててきた苦労、毎日の生活リズムを尊重する。「言う」よりも「聞く」姿勢で。
・懇談会では、年上の保護者に対して、素直に思っている意見が言えない。
・なるべく、顔を見てもらうために、保護者が参加する行事に加わる。

＜新しい学級崩壊＞
・40人の子どもの個性、感情を把握し、それぞれに必要なことを見極め、実

践することの難しさを実感する。
・クラスの和に積極的にかかわれない子を、どう取り込んでいくか。
・ボス的な存在を押さえる。一部やる気のないムードを広めさせない。
・ルールの例外を認める場合は、全員に伝える。

> 荒れる教室無力感
> 保護者や「地域」に不満

学年主任

　学年主任アンケートでは、52人から回答を得た。「これまでに辞めようと思ったことがありますか」という問いに、25人が「ある」と答えた。

　複数回答で理由を聞いた。最多は「児童・生徒との関係に悩んだ時」で13人。「何をやっても心が通じない時」「自分の思いが伝わらず、悪循環になった」など一人一人と心をつなぐ難しさが伝わる。

　また「学校が荒れている時、子どもの心をいやせなかった」「クラスをかき乱す子どもがいて、授業ができない時」など、問題行動や荒れに直面し、無力感を抱いた教師もいた。

　次に多かったのは、「同僚との人間関係」の5人。「自分の指導方針を、理解してもらえなかった」「意見の対立が続き、教師の世界とはこんなものかと思った」など、協力関係のつくりにくさを指摘する。

　「保護者との対立」を理由に上げた人も5人。ある男性教師は「本気で取り組めば取り組むほど、摩擦が増える。頑張れば頑張るだけ、風当たりが強くなる」とやり切れなさを訴える。

　「子どもの問題を、学校や教師にばかり押し付け過ぎだと思うことはありますか」という質問には、46人が「ある」と答えた。理由は「地域の人たちの協力が得にくい」「マスコミ報道に対して」「家庭の教育力の低下に対して」の三つに大別された。「校外で問題が発生した時、時間も場所も関係なく対応せざるを得ない。教員数と給料は現状維持で、日曜日でも学校に苦情が入るし、呼び付けられる」。子どものしけは教師だけの役割なのか、問題行動に直面すると、なぜ学校が真先に責任を問われるのか。そんな疑問や戸惑いを、多くの

教師が感じている。

　「『祭りで配った祝いもちを投げ返してくる子どもがいる。学校の指導はどうなっているのか』との電話を受けたことがある」「『あいさつがない、田んぼにいたずらをする』など、小さな苦情も学校に持ち込まれる。地域の方が、その場で指導してくだされば済むことなのだが……」などの意見も。従来、地域が担ってきた機能も、学校が背負っているのが現状、という。

　マスコミに対する不信感も根強い。「学校や教師を批判するかたわら、子どもによくない影響を与えると思われる番組、雑誌、記事も同時に放映し、出版し、報道している。教育的立場を意識すべきだ」などの意見が寄せられた。

　「評価が偏っていたり、部分的すぎて学校教育の妨げになっている」「話題性ばかりを追いかけている。真剣に教育について考えているのか疑問」という報道姿勢への批判もあった。

　「本来は家庭で教えるべき基本的な生活週間やマナーを、学校で教えなければならない」と戸惑う声は、回答者の約半数から寄せられた。「服装、言葉づかい、善悪の区別などは本来、家庭で指導すべき」などは思いは切実。

　さらに、「朝食を食べさせていない、学校で発熱しても迎えに来ない親」もいれば、「テニスでいい点を取れば、中学一年でも携帯電話を買ってやると約束する甘い親」も。

　「管理職、市教育委員会に求めることは」という質問に対し、41人から意見が出された。6人が「特にない」。無回答は5人だった。管理職には、「もっと指導力を発揮してほしい」という声が大きい。市教委には「指導しやすい環境を整えてほしい」や「現場をもっと知ってほしい」という要望が多かった。

```
外部からの圧力に弱腰
自由に話せる職場必要
教員定数増加切に望む
```

＜管理職へ＞

・地域の有力者や議員、保護者からの苦情などに極めて弱い。外部には物が言えない。守りの姿勢ばかりでなく、学校としては譲れない一面もあってい

いのではないか。
・職員がオープンに話せる雰囲気づくりを。教師の悩みをもっと吸い上げ、察知し、適切なアドバイスを。
・管理職登用制度の弊害が大きい。
・主体性を持った特色ある学校運営を。
・職場のリーダーとしての意見は歓迎だが、最終判断は現場を尊重して。

＜市教委へ＞
・文部省の出張所という印象が強く、不安。
・40人学級見直しを。
・教員定数を多くして。1クラス2人に。
・小さな事業（交流、ふれあい、ふるさと事業など）を通すより、30人学級1本にしぼって努力すべき。
・無意味な調査をあまりしないで。忙しいんだから。
・現場の忙しさをもっと知って。
・講師として学校の研究会に来る時、もっと勉強してきて。
・職場を知らないと感じられる発言は、極力避けて。
・「総合的な学習」の見直しを。

```
しつけ重要性強調
具体策欠く学校開放
教員高齢化が問題 / 根強い閉鎖性
```

校長

「学級崩壊」や「新しい荒れ」について、学校長がどのように感じているか。「どの学校でも起こりうる重大な問題」との認識が主流の若手教師とは、異なった結果となった。

校長からは、195校のうち60人から回答があった。「クラスの荒れは教師が変われば収まる」「はっきり言って、担任の実力が大。魅力のある教師は崩壊させない」「いつの世にも学級崩壊はあった。教師が自分の信念で全力投球した場合、問題にならなかった」「どこから来たの言葉か知らないけど、言葉が走

りすぎている」など、教師個人の問題としてとらえている傾向が強い。

　学校崩壊を冷静に分析した声も。「学校崩壊は、学校だけの責任ではない。『学級崩壊』は、『家庭崩壊』であるし、『地域崩壊』である。この三者のバランスが崩れゆがみから生じた」「教師はバラバラ。教員間の情報の共有化と、指導方針に対する共通理解が必要」などである。

　しつけの重要さを説く意見も多かった。「生徒指導が、この30年間変化がなかった。保護者の考え方は変化し、しつけをするもしないも家庭の自由と考えている。教師も保護者も自由と放任を勘違いしている」「新しい荒れは、お金ですべてを解決するという現代社会のゆがみ」「放任主義の家庭で育った子どもが、学校は勉強に行くところという基本・根本を理解していない」との意見もあった。

　今、問題になっているのが、地域との連携を学校がどう進めるか。そのためには、「開かれた学校」づくりが必要になる。だが、アンケートでも、具体的な施策となると、難しい現状が浮き彫りに。取りあえずは、「地域の人材を学校教育で活用すること。学校の取り組みが保護者を通じて、地域に知れること」程度だ。

＜なぜ、学級崩壊＞

・我慢しきれない子どもが数人いると、全体がそれに流され、指導は入りにくくなる。

・学校側の問題として、教職員の高齢化も問題ではなかろうか。ベテランの良さもあるが、行動力や学校全体の活性度に影響があると思う。

・子どもは大人の鏡。家族が集まって話し合うなど、当然の積み重ねが少ないまま成長した結果。

＜難しい学校開放＞

・教育目標を明確にしていないから、年に数回の授業参観では、全体像は見えないだろう。

・一般的に、教室の中には同僚を含めて、だれも入ってきてほしくないといった教職員の閉鎖性が、根っこにある。

・だれがいつ教室に入って来ても歓迎できるような、自分自身をしっかり持

った教職員を育てることが大切。
・「学校の主体性をもって教育を進めている」といいながらも、地域からの働きかけを学校への介入と考える人もいる。

教師を目指す広島大学学校教育学部の学生95人に「あなたは教師に向いていますか」聞いた。「向いている」と答えた人は、56人、「向いていない」は29人「わからない」は10人だった。

| 忍耐力足りない／しかり方分からない |

「向いている」理由としては、「学校が好き、子どもが好き。教えることが好き」「積極的で子どもとすぐなじめる」「意欲と熱意がある」などが中心。さらに「いじめられた経験があり、弱い立場の子の味方になってあげられる」「今の教育現場には、自分の存在が必要」などという、頼もしい意見も多かった。一方、教育の在り方が問われ、豊かな人材が求められる今、「教師に向いていないのでは……」と自身を見直す学生も多い。
<教師に向いていないと思う理由>
・教師は常に忙しい職業。自分は周りが見えなくなってしまうのでは。
・子どもを引きつける力が弱い。押しが弱い。忍耐力がない。
・人を励ますこと、指示を出すことが苦手。
・教師は世の中を知らないと言われる中、その中に収まりたくない。
・人から本気で怒られたことがない。だから、子どものしかり方がわからない。
・子どもを公平に愛せない。人の気持ちを察することが苦手。子どもに与える影響の大きさに耐えられない。
・担任として、自分の目が全員に行き届くか心配。40人を相手に信頼関係をつくる自信がない。
・自分の中に、子どもに吸収してもらえるものがない。

学級崩壊の対策として、今考えられているのは、「開かれた学校づくり」「学級担任制の見直し」「義務教育の再検討」などである。
　現在一般的に学校は閉鎖的であると考えられている。事実、ある県の高等学

校の校長会で、学校内の事件をマスコミからいかに隠すかについてのマニュアルが配付された。近年学校の閉鎖性が問題視されている時にさえである。学校である事件が起こった場合、校長はじめ担任までもが、このニュースを学内から漏れないように努力する。もし漏れた場合には、教員間では問題解決できないとして、緊急の保護者会を招集する。

　なぜ、こんなにまでして隠そうとするのであろうか。学校だけでなく一般に聖職の場と考えられる職場、たとえば警察においても内部で処理しようとする傾向がある。校長、上司などに不名誉な評価がなされないためになされるのか、それ以外の理由があるのかいろいろ推測される。かつては、当事者の子どもたちの将来を心配して外部に出さないようにすることを耳にしたことがある。しかし、昨今の隠そうとする姿勢は、以前に比べたら質的に大きな問題を抱えているように思われる。教室の授業風景にしても開放的ではない。ある小学校の学校カウンセラーが、自分の担当している子どもの学校の日常生活を観察したいと申し出たところ、担任教師は「体育の授業なら、どうぞ。ふつうの授業は困ります」と拒否した。まして、大学の教職課程を履修している学生に授業風景を観察させていただきたいと申し込んでもその場で断られるのはあたりまえである。

　現在の小・中学校は、校区の住民に信頼されていなければならないが、実際にはそれとは異なっている。学校と地域が協力して学校が運営されることによって、公教育が推進される。学校は教育目標、経営方針、現在抱えている問題などの情報を保護者だけでなく、校区の住民に公開し、説明する。現在は、保護者には学校発刊の新聞による必要最小限の情報は伝えているかもしれないが、校区の住民は学校に関する知識はまったくない。住民と学校との接点は、選挙の投票場として使用される程度のものである。

　それぞれの校区には、さまざまの知識や技能を持つ人がいる。しかしながら、彼らがそれらをボランティア活動を通してたとえ子どもたちに提供したいと考えても、彼らと子どもたちの交流は学校の閉鎖性のためにうまく実施されない。校区の住民が学校に親しみを感じ愛情を注ぐようになり、コミュニケーションを交わすことが望ましい。学校は保護者や地域住民の学校訪問、授業参観を柔

軟に認めていくように努める。授業参観も自由に実施されることが望ましい。
　「開かれた学校づくり」に関して、興味ある新しい記事が地方新聞に掲載された。
　1999年8月30日広島県義務教育改革推進協議会(座長・田中隆荘広島市立大学長、16人)は広島県小中学校教育の見直しに関する最終報告をまとめて、辰野裕一教育長に提言した。その報告書は、「校長を中心とした開かれた学校づくり」など5項目を柱に学校と家庭、地域が一体となった教育改革が必要と指摘した。
　「職員会議がすべてに優先する学校がある」現在、学校教育の改革が推進しにくい、そこで開かれた学校づくりに向け、校長がリーダーシップを発揮して地域の声を聞くことや、職員会議の公開など学校運営の改革が必要である。さらに、保護者や地域住民も参加して学校のカリキュラムづくりや地域活動に取り組む「子ども支援センター」の設置などが必要である。
　この提言を受け、県教育委員会は改革を具体化する「義務教育ビジョン」を1999年11月までに策定する。ところで提言の内容は次のようである。

学校経営に民間の知恵

＜開かれた学校づくり＞

　「開かれた学校」は中央教育審議会答申などが指摘する概念で、それ自体は新しくはないが、教育改革の最優先課題に位置付けたのは同様な改革を進める各県の中でも珍しい。

　その具体策の一つは、校長が学校経営のビジョンを保護者や地域に示すよう求めている点である。学校の方針を保護者や地域に説明し、地域で経営診断や評価をする。それは民間ノウハウを積極的に取り入れることにつながる。

　学校へ提言できる「学校評議員制度」の導入とともに、この仕組みが狙い通りに機能すれば、学校と保護者、地域の新しい関係を築く可能性がある。こうした考え方は中教審答申や「評議員の意見を採用する主体性は校長にある」という文部省の解釈を一歩踏み出る形だ。

　もっとも、開かれた学校には「学校情報の公開」が不可欠の条件で、ビジ

ョンの提示はその最小限の手続きといえる。学級崩壊など学校の実情を公開するほかに「職員会議の公開」を取り入れる考えであるが、職員会議がどこまで公開するか、先例がない。広島県教委は学校情報の公開に県独自のガイドラインを作って一定の枠を示すことになるが、「開かれた学校」へ協議会の強い意欲がうかがえる。

　また、保護者、地域と学校の間を調整する「開かれた学校コーディネーター」（地域主導主事）を新たに設ける。現在、教頭がこなしている地域と学校をつなぐ渉外係に専任する。当面はモデル校への配置となりそうだ。

「学級担任制の見直し」に関連して、基礎学力問題への対応として、保育所・幼稚園、小・中・高等学校の連携と習熟度や関心に応じた学習集団の弾力的な編成が考えられている。連携の内容は、参観や授業交流が中心になるが、それを可能にしているのが「兼務辞令」である。小・中を兼務にして中学の教師が小学校で専門性を生かした授業をする。学校現場や教職員組合から要望の強い学級定数削減は文部省の改定作業が実現するまでできないが、現在の定員枠の中で小人数教育を進める1学級2ないし3人の複数教師がトータルに指導するティーム・ティーチングや、小学校における教科担任制を導入する。

　また、学級担任が他学年の授業に相互乗り入れする制度も、ある学校では導入される。その例として、A小学校では、相互乗り入れシステムを3年生以上で実施している。6学年を低・中・高学年の2学年ずつ3つのユニットに分け、例えば6年生の担任が5年生の家庭科を受持ち、5年生の担任が6年生の体育を指導する。1年生と2年生ではティーム・ティーチングを導入する。3クラスある障害児学級担任もTTなどで教科指導を担任する。

　さらに、理科の専科教員一人と教頭が授業に加わることで、各教員も一日一時間程度余裕ができる。6年生では4分の1の授業が担任以外の教員による指導である。各学年1クラスの同校は、このシステムにより全教員が他クラスの授業を受け持つことになった。導入の第一目的は、新教育課程導入への準備である。二つの学年を一つのユニットにすることで、2学年にまたがった指導内容が多く示されている新教育課程に対応しようとしている。同校校長は「小学校では『学級担任でこそ一人前』という意識は根強い。だが、担任と合わない

子どももいる。クラスで起こった問題も、学校全体で取り組むことができる」と考えている。

「引用文献」
(1) 諏訪哲二他著、「学校の死」、『文芸春秋』8月号、文芸春秋社、1999年、274頁。
(2) 朝日新聞社会部著、『学級崩壊』朝日新聞社、1999年、8頁。
(3) 同著、12頁。
(4) 同著、13頁。
(5) 同著、15頁。
(6) 同著、15頁。
(7) 同著、16頁。
(8) 同著、19頁。
(9) 日本教育心理学会著、「『学級崩壊』を考える」日本教育心理学会第41回総会発表論文集」、日本教育心理学会、1999年、4頁。
(10) 朝日新聞社会部著、『学級崩壊』、朝日新聞社、1999年、25-26頁。
(11) 同著、28-29頁。
(12) 尾木直樹著、「『学級崩壊』克服への視点」、「教員養成セミナー」12月号、時事通信社、1999年、20頁。
(13) 同著、20頁。
(14) 同著、20頁。

第6章　総合的な学習の時間とその課題

　1998(平成10)年6月23日付けの各種各新聞社の朝刊に教育課程審議会(文部大臣の諮問機関、三浦朱門会長)の「審議のまとめ」(教育課程審議会の公表は22日である)が公表された。その中で、カリキュラムの改訂に関連して、「総合的学習の時間」を新たに設け、小学校3年から高校まで必修にした。この教科は、教科の枠を超えて実体験や観察・実験、発表・討議などを重視する新しいスタイルの授業を行う時間である。小3では、年105時間、中学3年は最大130時間学ぶことになった。内容としては、国際理解、情報、環境、福祉・健康の各分野がそこで例示されたが、学校の主体性を生かすため、詳細は明記されていない。この総合的学習の時間の導入について、学校現場では歓迎の声がある一方、大学入試がからむだけに進学校を中心に戸惑いもみられる。大阪の数少ない府立の高校は、総合的学習の時間の取り組みを先取りする形で、生徒の将来の進路や職業観を養う科目を開設している。これらの学校では総合の時間の設置で現在取り組んでいる講座の幅が広げられると前向きの姿勢である。しかし、多くの高校とりわけ進学校ではこの時間の導入

には戸惑い気味である。というのも、これらの進学校においては、受験科目の学習をこなすため卒業に必要な総単位数を、府教育委員会の最低単位を上回る単位数を設定している。また、これらの学校では２学期制や長時間授業で総授業時間を確保するところもある。また、ある高校の校長は、大学が「総合的学習」の学習内容を入試に生かす対応ができないと、この授業が不要と感じる生徒も出てくることを危惧する。また、その当時府立高校長会会長であった小坂晋一は、「受験を無視したカリキュラムは考えられないのが進学校の本音だ。こうした本音の議論なしに、理想だけで、『総合』の導入を進めていくと、現場がそっぽを向く恐れがある」と指摘している。

　高校では、かつて週２時間の設置を義務づけていた「ゆとりの時間」が、ゆとりの拡大解釈と現場教師の入試優先という考えによって、受験科目の学習時間確保のために使われ、形骸化した前例がある。現場には「今回も同様では」と危惧する考えもある。ただ少子化が一段と進み受験に何らかの影響を与えることが予想される。

第１節　「総合的な学習」と学校教育の改革

　すでに総合的な学習に取り組んでいる学校はともかく、これからが準備段階であるという学校においては、できるだけ早く体制を整える必要がある。また、学校の事情があるのか個人の関心が低いのかこの学習について十分な説明ができる教員は少ない。事実、ある新聞調査（1999年５月７日の日本教育新聞──岩手県教育総合センターの調査）では、「７割の学校で一部教員のみ理解」という見出しで、内容は次のものであった。「総合的学習に関心が高いとは言うものの、強い関心をもつ教員は１割程度であり、研究・研修を特にしていない学校も全体の６割を超えている」というものであった。教育現場の積極的な対応が求められている。

　これまでの教育の特徴である「知識の量」から新たな教育の特徴である「問題解決型学習」へ教育の基調の転換を図ろうとするところに、総合的な学習の

第6章　総合的な学習の時間とその課題　　163

意義がある。総合的な学習は、「知の総合化」と選択の拡大により現状の改善のための力をつけることである。教科を超えて、横断的・総合的に学ぶ、あるいは、児童・生徒の興味や関心に基づいた学習を展開する。それを通じて、自ら課題を見つけ、考え、判断し、表現する力をつける。その場合単に複数の教科にまたがればよいというものではない。展開の仕方によって、道徳、生徒指導さらに特別活動のボランティア活動などとも深く関わることもある。

　学習内容やテーマは、国際理解、環境、健康、福祉などの例示にとどめ、それぞれの学校の判断で設定し、それぞれの学校の特色を出すことができる。異なる教科の担当教師による連携が求められ、さらに地域の協力が必要になる。すなわち、学校の内外でこの時間のために協力・支援体制を形成することになる。

　基準の大綱化と弾力化は、時間割の編成にも影響し、いろいろな時間割編成が出てくることになる。時間割を週ごと、学期ごとに変えることも可能になる。

　このような教育課程審議会の教育課程の基準の改善についてその背景、その審議の過程、改訂の内容などについて整理し、課題について考察することにする。

　教育課程審議会は、1996（平成8）年8月文部大臣の「幼稚園、小学校、中学校、高等学校、盲学校、聾学校および養護学校の基準の改善について」の諮問機関として設立され、初等中等教育の教育課程の基準の改善について検討してきた。1997（平成9）年には、「教育課程の基準の改善の基本方向について」（中間まとめ）を公表し、その後、初等教育、中等教育、高等学校及び特殊教育の各分科審議会等、各科等別の委員会を設けて、各学校段階別、各教科等別の教育内容の改善について具体的な検討を行ってきた。さらに、1998（平成10）年この審議会は「審議のまとめ」の概要を出している（6月22日）。

1　教育課程の基準の改善の基本的考え方

　(1)　教育課程の基準の改善に当たっての基本的考え方において、「……家庭や地域社会において担うなどしてよりバランスのとれた教育が行われることが必要である」。「学校は、子どもたちにとって伸び伸びと過ごせる楽しい場

でなければならない。……子どもたちが友達や教師と共に学び合い活動する中で、存在感や自己実現の喜びを味わうことができるようにすることが大切である」、という子どもの成長への願いと学校への期待を表明した。

「子どもの現状、教育課程実施の現状と教育課題」について、次のように整理されている（一部複写）。

「いじめ、不登校、青少年非行などの憂慮すべき状況、倫理観や社会性の不足などを背景として心の教育の重要性が指摘されている。また、学校の道徳教育について各教師の理解と取組、学校全体としての実践が十分でない状況も指摘されている

現行の教育課程の下における我が国の子どもたちの学習状況は全体としてはおおむね良好であると思われるが、一方、教育内容を十分に理解できない子どもたちが少なくないこと、自ら調べ判断し、自分なりの考えをもちそれを表現する力が十分育っていないこと、多角的なものの見方や考え方が十分ではないこと、積極的に学習しようとする意欲が高くないなどの問題もある」。

(2) 教育課程の基準の改善のねらい、

教育課程の下で「各学校が創意工夫を生かし、特色ある学校づくりを進めること」、において、「……また、選択学習の幅を拡大するとともに、『総合的な学習の時間』を創設し、各学校の創意工夫を生かした教育活動が一層活発に展開できるようにする。……」として、「総合的な学習の時間」の創設を表明した。

(3) 各学校段階・各教科等を通じる主な課題に関する基本的考え方

イ　国際化への対応、において、「外国語による基礎的・実践的コミュニケーション能力の育成を一層重視しつつ、中学校及び高等学校において外国語を必修とする。また、小学校において「総合的な学習の時間」などで、外国語に触れ、外国の生活や文化に慣れ親しむなどの体験的な学習活動がおこなわれるようにする」として、国際理解に総合的な学習の時間を活用することが展開されている。

ウ　情報化への対応、において、「……小学校では『総合的な学習の時間』など様々な時間でコンピュータ等の情報手段を活用する。……」として、情

第6章　総合的な学習の時間とその課題　165

報化への対応に総合的な学習の時間も利用される。

　エ　環境問題への対応、において、「環境やエネルギーについての理解を深め、環境を大切にする心を育成するとともに、環境の保全やよりよい環境の創造のために主体的に行動する実践的な態度や資質、能力を育成するために、各教科等及び『総合的な学習の時間』において、地域の実情を踏まえた環境に関する学習を充実する……」として、環境問題への対応に総合的な学習の時間が重要であることが主張されている。

　オ　少子高齢社会への対応等、において、「少子高齢社会についての理解を深め、男女が協力して、子どもを産み育て、高齢者のために主体的に行動し実践する態度を育成するため、各教科等及び『総合的な学習の時間』において、少子高齢社会に関する基礎的理解、家族関係や子育ての意義、介護・福祉など少子高齢社会の課題に関する理解を深めるとともに、実際に幼児や高齢者などと交流し触れ合う活動や、介護・福祉に関するボランティア活動の体験を重視する。

　さらに、健康の大切さや自分の体に気付き、広く健康の課題に対処できるように指導を充実する」として、総合的な学習の時間が少子高齢社会への対応等に意味をもつ。

　カ　横断的・総合的な学習、教育課程の基準の大綱化・弾力化、において、「……また、『総合的な学習の時間』を創設し、各学校の創意工夫を生かした特色ある教育活動や横断的・総合的な学習活動などを一層展開できるようにする」として、総合的な学習の時間の意義が展開されている。

2　教育課程の編成及び授業時数等の枠組み（引用、教育課程審議会の「審議のまとめ」の概要、7-8頁）

　(1)　教育課程の編成

　小学校、中学校、高等学校、盲学校、聾学校及び養護学校の教育課程は、現行の各教科等に、「総合的な学習の時間」を加えて編成することとする。

　(2)　「総合的な学習の時間」

　ア　各学校が特色ある教育活動を展開できるようにするとともに、教科等の枠を超えた横断的・総合的な学習を各学校の創意工夫を生かして実施するため「総合的な学習の時間」を創設する。

イ 「総合的な学習の時間」のねらいは、各学校の創意工夫を生かして行われる横断的・総合的な学習や児童生徒の興味・関心等に基づく学習などを通じて、自ら課題を見つけ、よりよく問題を解決する資質や能力を育てることであり、また、学び方やものの考え方を身に付け、問題解決や探究活動に主体的、創造的に取り組む態度の育成を図るとともに、自己の生き方について自覚を深めることである。これらを通じて、各教科等それぞれで身に付けられた知識や技能などが相互に関連付けられ、深められ児童生徒の中で総合的に働くようになると考えられる。

ウ 「総合的な学習の時間」の教育課程上の位置付けについては、そのねらい、各学校とも教育課程上必置とすること、授業時数の基礎を定めることにとどめ、各教科等のように内容は規定しない。教育課程の基準上の名称は「総合的な学習の時間」とし、具体的な名称は各学校で定めることとする。

エ 「総合的な学習の時間」の学習活動は、各学校が創意工夫を十分発揮して展開する。具体的な学習活動は、例えば、国際理解、情報、環境、福祉・健康などの横断的・総合的な課題、児童生徒の興味・関心に基づく課題、地域や学校の特色に応じた課題などについて、適宜学習課題や活動を設定して展開する。

小学校において外国語会話等が行われるときは、児童が外国語に触れたり、外国の生活や文化などに慣れ親しんだりするなど小学校にふさわしい体験的な学習活動を行うことが望ましい。さらに、高等学校では、自己の在り方生き方や進路について考察する学習などをこの時間に行うよう配慮する。

オ 「総合的な学習の時間」の授業時数等については、小学校は第3学年以上で各学年に年間105単位時間又は110単位時間、中学校又は各学年年間70単位時間を下限とし幅をもった授業時数を配当する。

高等学校については、卒業までに105〜210単位時間を配当する。

(3) 授業時数の基本的な考え方等

ア 年間総授業時数については、現行の授業日となっている土曜日分の授業時数である年間70単位時間（週当たり換算して2単位時間）を削減する。

イ 年間授業週数や授業の1単位時間については、各学校の創意工夫を生

かした時間割や教育課程が編成できるよう一層の弾力化を図る。

第2節　総合的な学習の時間の学習形態

　各学校が創意工夫を生かした特色ある教育活動を展開し、国際理解・外国語会話、情報、環境、福祉・健康など横断的・総合的な学習などを実施するため、「総合的な学習の時間」を創設することになった。

　この学習の時間における多様な学習形態は、この時間のプランそのものは革新的なものであるが、基本的にはこれまでのものを発展することになる。ただ、その場合伝統的な学習形態を踏襲するものであってもその運営はこれまでのものとは異なる。そこで、この時間に有意義な形態のいくつかを探索してみよう。

　総合的な学習の時間の学習内容やテーマは、国際理解、環境、健康、福祉などの例示にとどめられ、それぞれの学校の判断で設定し、それぞれの学校の特色を出すことができるようになっている。異なる教科の担当教師による連携が求められ、さらに地域の協力が必要になる。すなわち、学校の内外でこの時間のために協力・支援体制を形成することになる。ここから考えられる学習形態は、異なる教科の担当教師による連携の学習形態は、ティーム・ティーチングである。また、基準の大綱化と弾力化は、時間割の編成にも影響し、いろいろな時間割編成が出てくることになる。時間割を週ごと、学期ごとに変えることも可能になる。この観点からは、オープン・エデュケーションという学習形態が採用される。なかでも問題解決学習や課題解決学習が強力に取り入れられる。さらには、博物館・美術館教育、図書館教育、情報教育などの文化施設を使用する学習形態がある。この場合は地域の協力が必要な学習形態である。伝統的な学習形態の一斉学習も学習の内容によっては利用されるであろう、また、グループ学習、個別学習、独立学習、発見学習、プログラム学習、範例方式の授業、完全修得学習などの形態もさらにこれらの学習形態の組み合わせの学習も考えられる。まさに総合学習の形態といってよいであろう。

　ところで、河合剛英（神奈川県平塚市立港小学校教頭）は、「横断的な学習と

総合的な学習はどこがどう違うのか？」[1]で、実際にそれぞれの学校で実践されている「総合学習」のパターンを分類している。それによると、次のようになる。

①「教科」総合学習は各々の教科発展型の学習であり、教科の指導（学習）内容に触発されるような、体験的な活動等が、意図的に構成される場合が多いようである。縄文・弥生時代の学習の後に、実際に竪穴式の住居を作ったり、野焼きで土器を作ったりする活動がこの例にあたる。

②「合科」総合学習は、教科のねらいを達成しつつ、しかもその内容を有効的に関連づけて総合的に取り組むというものである。低学年における生活科と図工や音楽との合科、あるいは中学校以上の国語と社会科、理科と家庭科等というように、あまり系統性の強くない教科においては、内容に吟味すればかなり自由に取り組むことが可能である。

③「学際的」総合学習であるが、「学際」とは（いくつかの異なる学問分野が関わるさま）（広辞苑）とあるように、課題解決にむけて複数の教科（あるいは教師）が関わり合いながら組み立てられていく学習活動である。これは教科担任制をとる中学校においても、比較的実践可能な取り組みということができる。

以上の①から③までのものは、あくまでも教科がベースになっており、その発展・関連・統合という扱いである。従って対比的に言うならば〔はじめに内容ありき〕ということになる。

④「トピックス」総合学習
⑤「興味・関心」総合学習

④と⑤の総合学習は、学習の主体は子どもたちであり、あくまでも子どもたちによる課題解決的な学習活動が基本となるのであって、その意味からすると〔はじめに子どもありき〕ということになる。

この場合においても取り組み方法は多様であり、学習活動のテーマを例にとってみても、教師の方から意図的にテーマを投げかける場合もあれば、子どもたちの学習や生活の中から課題となりそうな内容を取り上げることもある。さらに課題追求の形態も学級集団として取り組む場合もあれば、グループや個人で追求する場合もあるというように、これといった定番があるわけではない。

第6章　総合的な学習の時間とその課題　　169

図6-1　総合学習のパターン

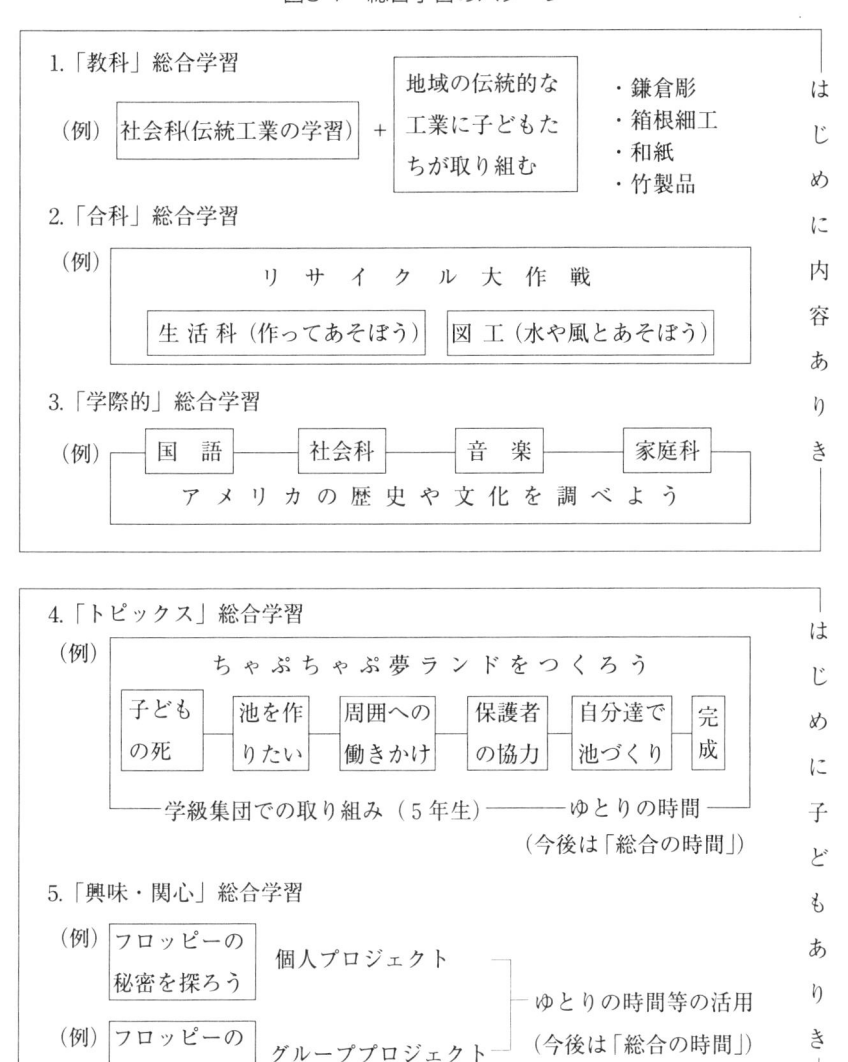

```
┌─ 1.「教科」総合学習                                              ┐
│                    ┌─────────────┐   ・鎌倉彫                  │
│   (例) 社会科(伝統工業の学習) + │地域の伝統的な│   ・箱根細工    は │
│                    │工業に子どもた│   ・和紙       じ │
│                    │ちが取り組む  │   ・竹製品     め │
│                    └─────────────┘                             に │
│  2.「合科」総合学習                                              内 │
│        ┌──────────────────────────────────┐                   容 │
│   (例) │         リ サ イ ク ル 大 作 戦                      │  あ │
│        │  ┌──────────────┐  ┌──────────────┐                │  り │
│        │  │生活科(作ってあそぼう)│  │図工(水や風とあそぼう) │    │  き │
│        │  └──────────────┘  └──────────────┘                │    │
│        └──────────────────────────────────┘                   │
│  3.「学際的」総合学習                                            │
│        ┌────┐   ┌────┐   ┌────┐   ┌────┐                │
│   (例) │国 語│─│社会科│─│音 楽│─│家庭科│                │
│        └────┘   └────┘   └────┘   └────┘                │
│             アメリカの歴史や文化を調べよう                        │
└─                                                                ┘

┌─ 4.「トピックス」総合学習                                       ┐
│              ちゃぷちゃぷ夢ランドをつくろう                        は │
│   (例)┌────┬────┬────┬────┬────┬──┐    じ │
│       │子ども│池を作│周囲への│保護者│自分達で│完│    め │
│       │の死  │りたい│働きかけ│の協力│池づくり│成│    に │
│       └────┴────┴────┴────┴────┴──┘    子 │
│        ─学級集団での取り組み（5年生）── ゆとりの時間 ─    ど │
│                                    （今後は「総合の時間」）      も │
│  5.「興味・関心」総合学習                                        あ │
│        ┌──────┐                                            り │
│   (例) │フロッピーの│─個人プロジェクト ┐                      き │
│        │秘密を探ろう│                   │ゆとりの時間等の活用  │
│        └──────┘                   │(今後は「総合の時間」) │
│        ┌──────┐                   │                      │
│   (例) │フロッピーの│─グループプロジェクト┘                    │
│        │秘密を探ろう│                                            │
│        └──────┘                                            │
└─                                                                ┘
```

〔加藤幸次著、『総合学習の理想と技術』(オピニオン叢書41)、明治図書、1997年11月参照、「加藤幸次の分類」――テーマの例示や図は河合が作成し、変更――、河合剛英著、「横断的な学習と総合的な学習はどこがどう違うのか？」、『授業研究21』7、明治図書、1999年、74頁〕

第3節　「総合的な学習の時間」に関する調査
（姫路獨協大学教職課程履修生 2 期生75名1999年11月 2 日実施）

　この学年次生が卒業時においてこれまでのカリキュラムとは異なる「総合的な学習の時間」に対応する必要がある。実際には2002年に全面実施されるとすると、彼らにとっては 1 年前に実施されており、全く知らないという状態ではないとしても、この時間にある程度は対応することができる能力を養成しておかなければならない。また、卒業までには時間があり研究しておかなければならない。このような状況をこの年次の学生はどこまで理解しているか、この年次の学生を調査対象として選んだ。

　調査の内容は、次のものである。

「総合的な学習の時間」に関する調査

(1)　「総合的な学習の時間」について知っている（これまで聞いたことがある）。

まったく知らない	ほとんど知らない	知っている	よく知っている	たいへんよく知っている
1	2	3	4	5

〔知っていると答えた学生対象に(6)と(8)は自由に記述してもらった〕

(2)　「総合的な学習の時間」導入の経過について知っている。

まったく知らない	ほとんど知らない	知っている	よく知っている	たいへんよく知っている
1	2	3	4	5

(3)　「総合的な学習の時間」は他の教科とどこが異なるか知っている。

まったく知らない	ほとんど知らない	知っている	よく知っている	たいへんよく知っている
1	2	3	4	5

(4)　「総合的な学習の時間」が取り扱うテーマについて知っている。

まったく知らない	ほとんど知らない	知っている	よく知っている	たいへんよく知っている
1	2	3	4	5

第6章 総合的な学習の時間とその課題　　171

(5)　「総合的な学習の時間」の年間授業数について知っている。

まったく　　ほとんど　　知って　　よく知っ　　たいへんよく
知らない　　知らない　　いる　　　ている　　　知っている
　1　　　　　2　　　　　3　　　　4　　　　　5

(6)　「総合的な学習の時間」を知っていると答えた学生の意見

(7)　「総合的な学習の時間」を知らないと答えた学生の意見

(8)　もし教員になった時、「総合的学習の時間」をどのように取り組むつもりか。

この調査について整理してみることにする。

(1)「総合的な学習の時間」について知っている(これまで聞いたことがある)。

表6-1

	まったく知らない 1	ほとんど知らない 2	知っている 3	よく知っている 4	たいへんよく知っている 5
人　数	22	31	19	1	1
％	29.3%	41.3%	25.3%	1.3%	1.3%

(2)　「総合的な学習の時間」導入の経過について知っている。

	まったく知らない 1	ほとんど知らない 2	知っている 3	よく知っている 4	たいへんよく知っている 5
人　数	44	20	4	3	0
％	58.7%	26.7%	5.3%	4.0%	0%

(3)　「総合的な学習の時間」は他の教科とどこが異なるか知っている。

	まったく知らない 1	ほとんど知らない 2	知っている 3	よく知っている 4	たいへんよく知っている 5
人　数	39	22	7	1	0
％	52.0%	29.3%	9.3%	1.3%	0%

(4) 「総合的な学習の時間」が取り扱うテーマについて知っている。

	まったく知らない 1	ほとんど知らない 2	知っている 3	よく知っている 4	たいへんよく知っている 5
人　数	47	18	4	2	1
％	62.7%	24.0%	5.3%	2.6%	1.3%

(5) 「総合的な学習の時間」の年間授業数について知っている。

	まったく知らない 1	ほとんど知らない 2	知っている 3	よく知っている 4	たいへんよく知っている 5
人　数	46	15	2	0	0
％	61.3%	20.0%	2.7%	0%	0%

まったく知らない　3人　4％
不明　　　　　　1人　1.3％

　これまでの資料から解明してみることにする。まず、(1)「総合的な学習の時間」について知っている(これまで聞いたことがある)、について解明しみると、74.6％にのぼる学生が新学習指導要領の中心的な特質であるカリキュラム改訂の代表である「総合的な学習の時間」について知らないのである。この割合は、7割の学校で一部教員のみ理解ということを考えてみても予想された割合に比較して高くはないといえるかも知れない。(2)「総合的な学習の時間」導入の経過について知っている、という質問については、全く知らない学生とほとんど知らないという学生を合わせると86.7％にのぼる。学生は、学級崩壊という現在の学校の病理には関心をもっているが、その問題解決に文部省をはじめとする教育行政機関・教育関係機関・教育関係者などがいかに取り組み、どのような施策を取ろうとしているのか取っているのか全く関心がない。この導入の経過については、大学の授業で展開する必要がある。(3)「総合的な学習の時間」は他の教科とどこが異なるか知っている、という問いに関しても(1)・(2)と同様に、82.6％の者が知らないのである。大学の授業で緊急にこの学習に関する内容を取り扱う必要がある。この質問に係わる知識は、学生にとっ

て具体的に理解できていないのが現実である。(4)「総合的な学習の時間」が取り扱うテーマについて知っている、という問いについて88.0％もの学生が知らないと答えている。この質問に関しては、積極的な関心がないかぎり、また大学のような専門教育機関の教育がないかぎり、学生の知識は生まれてこない。また、(4)と同様に(5)「総合的な学習の時間」の年間授業数について知っている、について学生の82.6％が知らないのが現状である。ここでいえることは、大学では、とりわけ私立大学の教職課程の授業では、緊急にこの「総合的な学習の時間」についての授業を展開する必要がある。

次に、(6)「総合的学習の時間」を知っていると答えた学生の意見、について整理してみることにする。その中の数人の学生の意見を紹介する。

学生A：NHKのテレビ番組で「総合的な学習」について紹介していた。それを見たとき、私はいい学習だと思いました。それは、地域に結びつきがあったり、日本の文化に親しむものだったりしたからです。そして、何よりも、いいなと思ったのが、自分から疑問に感じたことについて、調べていくということです。

　　テーマについて、まだまだ自由といいながら、限られた部分の中での学習になっているので、そこが、今後の課題だと言われています。そして、その時間がまだ少なく、限られた時間内に解決させることが、まだまだ難しいと言われています。

学生B：母校の高等学校では、3年前からすでに取り組んでいるらしく、それを見る限りにおいては、大学へ入るための取り組む過程をより明確に自分で取捨選択しながら効率よく行うことができるのが長所らしい。が、それにより将来を決定する選択を早期に求められるようになって誤った選択をする可能性があるという短所も存在すると思われる。

このような意見と同時にこの学習に否定的な考えをもつ学生も見受けられる。

学生C：……もういくつかの学校でモデル校として実施しているのは知っているが、実際は教師の方が試行錯誤しながらやっているというのは、文部省からの通知が漠然としていて教師に迷いを与えている。この裏返しは、学校単位でそれぞれの特色を出して実施すればよいという事

なので、これからの学校選択もふまえ重要な課題になってくるであろう。
学生D：総合的な学習は、週3・4時間は導入されるときいているが、私は少し多すぎると考える。伝統的学力観をもとに新学習観へ移行しようとしているのであるが、課題解決学習ばかりに重点を置くのは考えものだと思う。全ての問題にいちいち立ち止まっていても時間がなくなるだけである。潔く次へ進む方法もあわせて教えるべきだと考える。

新しい試みについては、不安と批判がともない、自らは十分な知識をもたないことで否定的な意見に成りがちである。

さらに、(7)「総合的学習の時間」を知らないと答えた学生の意見の代表的なものを紹介しよう。

学生E：私は、総合的な学習の具体的な内容については、まったく知らないが私は高校3年の時に"生物"と"化学"と"物理"がくっついて理科の総合的な学習のような授業をとっていた。ペットボトルでロケットを作ったり石鹸を作ったり、葉脈でパウチを作ったり……など大変興味が持てて、おもしろい授業だった。普通の教科書上の事を勉強するのではなく、割りと実用的に使えそうな内容であった。私は総合的学習導入について大賛成である。

学生F：私は「総合的学習」という名前を聞いたことがあるくらいで、実際にどんなものなのか知りません。私のイメージとしては、いろんな教科を総合的にまとめたような教科で生活に密着した教科だと思う。

(7)の質問においては、学生に期待した意見とは異なった意見が書かれており、むしろ(6)の質問に批判的な意見を発見することができた。(7)の質問に関しては、学生がこの学習に関しては十分な知識はないがこの学習のイメージを中心に展開している。

最後に、(8)もし教員になった時、「総合的学習の時間」をどのように取り組むつもりか、という質問に対して、次のような答えが展開された。代表的なものを2〜3紹介してみよう。

学生G：教師の一方的なおしつけの教育ではなく、ある程度、"自由"をテーマに、生徒たちの疑問→発見→解決をもとに授業を進めていける

ような教師中心ではなく、生徒中心の教育ができたらいいなと思っている。今まで、自分が育ってきた学校教育は、授業を展開していくのは、ほとんど教師だった。でも、一番教育の中で大切なのは、生徒たちの力である程度の授業を展開していくことだと考えている。

学生H：この学習について非常に知識が乏しく、これに対して強い意識がないことが分かった。けれども、私のイメージからどう取り組むかと問われた場合、授業を受ける姿勢を失わないために混乱を及ぼさないよう、整理された授業に取り組みたい。

学生I：文部省(県教育委員会)の示す学習指導要領にあるねらいを十分に取り組みつつ、ただマニュアル通りに進めるのとは違った各教員独自の授業スタイルを試行錯誤してゆく中で獲得し、さらに総合的学習の充実・実践を図りたい。

学生J：私は身近な問題をテーマに進めていきたい、各自に新聞から興味ある記事を切り抜いてもらって、一番みんなが興味ある事について学んでいきたいと考えている。自分自身、小学生・中学生の頃、ニュースや新聞を見たり、読んだりしていても分からないことが多く、あやふやにしたまま通り過ぎていたから。

　総合的な学習の時間について、多くの学生が十分な知識を持たないにもかかわらず、教師になった折りに、彼らはこの時間に関することを知る努力を約束している。しかし、教職課程からの要望は、彼らにもっと積極的にこの時間についての学習を実行してほしいことにある。

第4節　横断的・総合的に学ぶ

　教育課程審議会の「まとめ」の中に、「横断的・総合的に学ぶ」ことが記載されている。これに関して、新学習指導要領においてはどこにも説明されたところはない。「横断的学習」と「総合的学習」について、すでに紹介した河合剛英は、「横断的な学習と総合的な学習はどこがどう違うのか？①」で次のよ

うな説明をしている。それによると、「新学習指導要領のどこを読んでも『横断的学習』や『総合的学習』についての定義づけはなされていない。これは総合的な学習の時間の創設が、『各学校が創意工夫を生かし特色ある教育、特色ある学校づくりを進めること』の中に位置づけられているということからも、それぞれの学校の独自性が認められ、それなりの意味づけがなされればよいと言うようにも解釈ができる」[1]。

彼は、この趣旨を認めながら各学校に任せきりにすることには疑問をもっている。それは、70年代に設けられた「ゆとり」の時間が学校の裁量に任されたために、いつの間にか他の教科の時間に転用されたり、ゆとりということばすら忘れられてしまった。また、「横断的・総合的に学ぶ」と併記されているため「横断的な学習」と「総合的な学習」が混同されて実践される危惧が心配される。「横断的な学習」と「総合的な学習」について、彼の説明から展開してみることにする。

図6-2 テーマ「身近なごみ問題を考えよう」

道徳	国語	社会	遠足	総合学習の時間（現行では，特別活動やゆとりの時間などの活用が考えられる）	環境
環境					
鳥に残したかきの実	清掃工場の見学	ゴミと住みよいくらし	ゴミ処理場見学	子どもたちの主体的な取り組みや実践（身近なごみ問題）子ども中心の活動	

（作文）

教師中心の活動

※教科指導により触発された課題の追求
※子どもたちのこだわりを追求
　e t c

第6章　総合的な学習の時間とその課題　　177

　まず、「横断的な学習」について彼は、高階玲治の「クロスカリキュラム」の概念を構想している、そこから「教科横断的」な学習として捉えている、すなわち、「教科の枠を崩したり越えたりせず、それぞれの教科ごとの内容を押さえつつ、あるテーマを共通項として他教科と積極的に関連づけながら、教師が中心となって指導を展開する学習活動」である。彼は、一例を図式で表している。

　そこから彼は、「はじめに内容ありき」という考え方での取り組みと見なしている。

　この取り組みの場合、注意しておかなければならないのは、「左側の教師中心の指導を行っただけでは従来の教科指導と何ら変わりはなく、ほとんど意味をなさないこととなる。その後に子どもたちによる主体的・体験的な活動を展開することにこそ、この学習の目的があると言えるのである」。

　総合学習の大前提は「教科の枠にこだわらない」ところにある。そこで、子どもたちの興味や関心、あるいは生活や経験というものが核となって学習を組み立てたりカリキュラムを編成していく。同時に「子どもこそ学習活動の主体者である」[2]という理念が根底にながれている。

第5節　ある「総合的な学習の時間」の一例紹介

　伊藤真弓（愛知県安城市立安城西中学校）の「地域を見つめた総合学習」[3]が『授業研究21』11、明治図書、1999年、に紹介されている。それによると以下のとおりである。

> 1年　明治用水から矢作川流域社会をたどり、水と暮らしを考える。
> 2年　身近なゴミ問題から、地域、日本の自然環境について考える。
> 3年　グローバルな環境に目を向け、地球人としての行き方を考える。

○こんな導入で迫ったら（その1）

> 「50年後、環境破壊で人類が滅ぶ！」
> ビデオ視聴で自分の暮らしを考える。

　「人類が滅ぶんだ！」と教師が思いをぶつける。「どうせ死ぬなら遊んで暮らす」とT男。しかし、続くビデオ視聴で教室内の空気が変わってくる。
　「リサイクルの方法っていろいろあるんだ」
　「ドイツができて、何で日本ができん」
　「再生紙は高い？」「安いんじゃないか？」
　「生ゴミリサイクルならうちもやってる」
　一人一人が真剣に考え始めた。
　※自分で課題を見つけるT男

> 米のとぎ汁EM発酵液で水質浄化

　T男は体育館のトイレ掃除だ。「臭い臭い」と言いながら便器に水をまいていた。
　「臭さをとる方法もあるみたいだが……」と教師がつぶやくと、T男は「何、何」と強い興味を示した。「EMだよ」「何、それ」「これは校長先生が詳しいんだよなあ」

第6章 総合的な学習の時間とその課題　179

　次の日、T男は米のとぎ汁を用意して校長室に行き、作り方を詳しく教わった。その日の帰り、T男はクラスのみんなに働きかけた。
「米のとぎ汁を持ってきてください」
　彼の課題が決まった。
【追究1】「EMでトイレ臭がなくなるか」
【追究2】「ヘドロにも有効か」
　EM協会会長や市役所の人の話を聞き、プールやヘドロの多い湖沼にもまいて実験を進めている。
　また、川や入江の環境を守る会の活動にも積極的に参加し始めている。

○こんな導入で迫ったら（その2）

| 「使い捨て社会を見直そう」
　新聞記事からゴミ問題を探る。 |

　1年分の新聞を一心不乱にめくり、ゴミ問題の記事を拾いだす。「あった。またあった」と声があがる。藤前干潟や焼却施設、リサイクル問題など、連日のように掲載されている。人ごとだったゴミ問題が身近な問題として感じられるようになり、追究課題が生まれ始めた。
「安城市のゴミ処理施設は大丈夫か」
「古紙のリサイクルについて」
「缶はどのようにリサイクルされているか」
「おからは産業廃棄物かどうか」
「安城の焼却灰の行方は」
※自分で追究計画を建てるA子

| 「おからは産業廃棄物か？」 |

【追究1】「食べられるのに　ゴミ？」
　A子はスーパーで豆腐を購入し、ラベルに印刷されている豆腐店に見学の予約を取り付けた。おからがたくさん出そうな大きな製造元を選んだのだ。そこ

では、その一部を惣菜業者に引き取ってもらい、残りの大部分はお金を払って処理してもらっていることを教わり、驚いて帰ってきた。

【追究2】「お金を払って処理してもらう？」

A子は早速、処理業者を訪問することにした。「家畜の餌になる」と聞いていたので牧場を想像していたが、そこは発酵処理をして飼料にする会社であった。そして豆腐屋からのお金はおからの運搬費であること、飼料は北海道に運ばれることを知った。

私も一緒に見学し、学ばせてもらった。

【追究3】

今後は市内の豆腐屋を周り、それぞれの方法を比較したいと考えている。ノートには「おからを食べよう」と書いてあった。

※追究を深めるY男

| 安城市の焼却灰の行方を追う |

【追究1】「安城市は大丈夫か」

「豊橋市の最終処分場がいっぱい」

こんな記事を見つけたY男は、「安城は大丈夫なのか？」という疑問を持った。

大型焼却炉なのでダイオキシンは出ないが焼却灰は残るはず、いままで気づかなかったことだ。Y男は市の焼却センターへ出向いた。

センターで①安城市の最終処分場は隣接する市の埋立地にある。②あと8年は大丈夫、ということを調べ、安心して帰ってきた。

「本当にそれで大丈夫っていえるの？」

教師はY男をゆさぶりにかけた。

【追究2】「安城市では何でも燃やしている」

Y男は自分の目で確かめようと埋立地に出向いた。そこで、「安城市は近隣よりも焼却灰が多い」と指摘された。さらにそこで見たものは安城市よりも細かく分別されたゴミであった。他の市の分別回収の様子を知ったY男の言葉には、気迫がこもっていた。

【追究3】「分別回収を考えよう」

Y男は今、この追究がまとまったら市役所へ出向き、分別回収やゴミを減らす工夫について提案したいと考えている。

2年生7クラス、他にもわくわくする追究がたくさんある。「学校の自然農法農園で、売れる野菜を作ろう」と呼びかけたS先生。土壌改良のためにミミズの養殖を始めたり、農薬の代わりに炭焼体験で作った木酢液を使ったり、炭や給食の残飯を肥料にしたりと、生徒は思い思いに活動している。「こんなうまいスイカは食べたことがない」と、売る前に食べきってしまう生徒と先生である。

第6節　総合的な学習の時間と教師の力量

　総合的な学習の時間を効果的に運営し、指導する上で教師のどのような力量が求められるのか、またその力量をどのような方法で形成し、向上させればよいのか。

　総合的な学習の時間のカリキュラムを構想・展開し、そのための指導方法や評価方法を明確にするためには、教科の枠にとらわれない教師の力量が必要となる。また地域社会の協力も欠かすことが出来ない。なかでも、中学校と高等学校においては従来の教育指導とその研究スタイルは大きく変わることが求められる。

　そこで、総合的な学習の時間における教師の力量として、教科の枠を越えた教師の協力を確立することが考えられる。そのためには、これまで教科の枠内で教育の仕組みをつくることに慣れきってきた教師の意識を変える、すなわち、これまでの教師の意識改革である。

　また、学年や学級を弾力的に取り扱う教師の協力の確立も同様である。この時間における学習活動は、学年や学級の枠を取り払って、同学年全体の集団や異なる学年の集団の活動として組織し、展開することもある。さらに、学級内の学習として実施される場合でも、複数の教師で協力することが必要になる。

そうすることで、この時間の効果はあがる。総合的な学習の時間を効果的に指導する教師を育成するために、教科・学年・学級の枠を越えた実践的研究の体制をつくり、授業時間の弾力化を展開し、そこで知識が深められ、技量が増加されることが必要である。山口満によると「『開かれた』教育研究の意義について教師が理解をもち、その実際に慣れることが求められる」[4]と主張する。

　情報メディアに関する知識・技量の習得も教師の力量として必要である。とりわけ、パソコンの操作、それを使ったインターネットの活用は、今後ますます多くなるし、この時間においても求められている。この時間の授業の中の指導は、メディアの利用を含めて、児童生徒の学習環境を整え、豊かにしてやるという視点をもって実施することが重要である。

　なお、総合的な学習の時間と新しい教育職員免許法の目玉である「総合演習」との関係について、2つの異なる(対照的な)考えがある。免許状取得のための必修科目の「総合演習」は、「総合的な学習の時間」における指導能力の育成に置かれているという考えと両者は全く無関係なものとして捉える考えがある。しかし、「総合演習」の内容と総合的な学習の時間の内容を考えたり、「総合演習」の目的が指導方法に関わることにあることからみても前者の考えが妥当するように思われる。

「引用文献」
(1) 河合剛英著、「横断的な学習と総合的な学習はどこがどう違うのか？①」、『授業研究21』7、明治図書、1999年、74-75頁。
(2) 河合剛英著、「横断的な学習と総合的な学習はどこがどう違うのか？②」、『授業研究21』7、明治図書、1999年、73頁。
(3) 伊藤真弓著、「地域を見つめた総合学習」、『授業研究21』11、明治図書、1999年、70-72頁。
(4) 山口満著、「『総合的な学習の時間』と教師の力量形成」〔『教職課程』2月〕、協同出版、1999年、37頁

後　書

　現代社会は、多くの問題を解決できないまま急激な様変わりをしている。そのため問題が複雑になる傾向が強い。現代社会は、一方では科学の急激な発達の継続と、他方で人間の心に関わる宗教的憧れという、外観上両者は無関係に存在し続けているように見える。しかし、両者が互いにうまく調和することなく存続することは人類の希望を満たすことにはならない。テクノロジーの発達は、人間の未来に期待を抱かせると同時に人類をコントロールすることになり、不幸をもたらすことになるであろう。人間がテクノロジーの発達した社会で宗教に希望を抱くのはテクノロジーのもつ人類に対する不安やある種の恐れであろう。しかし、既成宗教に対する依存は現代人にとって十分なものではなく、特に若い人を中心にした世代は新興宗教への期待が強い。そのために、新しい宗教がかっての宗教ほど巨大になることはできないにしても献金の額は、一宗教としては想像以上ものを集めている。真に人類の幸せのための宗教が、営利目的のための宗教として現代に出現し、人類を惑わすことになっている。もちろん多くの宗教は世界平和・人類の幸福などに全力を傾注していることは疑いない。テクノロジーの発展にともなって、調和的に宗教の発展が望まれる。これらの課題に人びとは本格的に対応することが求められている。

　子どもたちだけでなく、人類全体もアンバランスな社会の発展は、間断なく問題を生じている。個人と個人、個人と社会　個人と自然、これらの関係は、社会の急減な成長にともなってよりよいものになるどころか、そこに生じる問題を解決されないままの状態である。学校においては深刻である。多くの改革を社会全体から求められその対応に苦慮している。その中で、ここで学校給食の問題をはじめその他の諸問題も取り扱った。多くの主要な資料を引用しながら、緊急に対処しなければならないもの、じっくり対応しなければならないものが混在する中で、あるまとまりを求めた。引用が多過ぎると批判されることは覚悟しながら、とにかくこれらの問題を整理し解決への端緒を追求した。

今後、これらの問題のその後の経過とさらなる探究、さらに残された多くの問題にも取組むつもりである。それぞれの問題は一見関連が薄いように思われるけれども多くの共通した問題基盤をもっている。これらの問題解決に取り組むことが、教育・学校教育の成長を促進することになる。さらなる研究推進への動機づけとして、この著書は位置づけられるであろう。

1999年12月3日

姫路獨協大学研究室
上　寺　常　和

索　引

あ行

青空給食　37
赤い鳥　6
アメリカ教育使節団　7
　　　——報告書　7
アレルギー　32,37,50
異学年交流給食　37
意思の疎通　72
いじめ　76,104,137
受入の調整　134
　　　——調整方法　116
叡知　5
栄養士　29,32
栄養相談　54
栄養担当職員　38
遠足・集団宿泊的行事　48
横断的・総合的な学習　165,175,176
OECD報告書　17
O-157　122
　　　——食中毒訴訟　32
オープン・エデュケーション　167
親子給食　37

か行

介護　132
介護サービス　127,130
介護等体験　103-135
介護等体験特例法　103
介護福祉士　125,131

介護療法士　125
介助　132
カウンセリング　100
　　　——講座　99
科学知　5
核家族化　14
学芸的行事　48
「学際的」総合学習　168
学習指導要領　10
　　　——(新)　172
学力偏差値　70
家族神経症　79
学級活動　47
学級担任　52,54,58,76,155,158
　　　——制　155
学級崩壊　137-159
学級放棄　137
学校医　42,52,54
学校栄養職員　42,52,53,54,55,56,57
学校給食　27-58
　　　——検討委員会　27
学校給食業務の運営の合理化について
　　　36
学校給食指導の手引き　41
学校給食制度調査会答申　35
学校給食法　35
　　　——施行規則　36
学校教育法　111
学校行事　68

学校恐怖症　78
学校拒否　79
学校コーディネーター　158
学校週5日制　20
学校情報の公開　158
学校評議員制度　157
学校不適応対策調査研究協力者会議報告　59,60,101
カフェテリア方式　44
過保護　72
環境ホルモン　33
看護士　125,130
看護婦　125,130
感謝の心　49
完全習得学習　167
義肢装具士　125,131
基準の大綱化と弾力化　163,165,167
期待される人間像　11
義務教育　122,127,155
義務教育諸学校の教科用図書の無償措置に関する法律　11
義務教育ビジョン　157
急激な社会構造の変化に対処する社会教育のあり方について　20
給食指導　41,49,52,53,56,58
給食センター　35
給食だより　56
給食廃止　29
教育委員会　101,103,104,111,112,114,116,119,127,134
教育課程審議会　161,163

教育基本法　7,11
教育研修所　99
教育職員免許法　103,107,122,126,128,131,132
　　施行規則　108
教育審議会の制度に関する法律　10
教育センター　63,77
教育相談　70,71,98
　　——活動モデル推進事業　100
　　——記録　76
　　——室　71
教育的配慮　67
教育ニ關スル勅語　6
教育の中立性に関する二立法　10
教育力　59
教員研修　99
教員養成機関　123,131,132
教科書検定　10
　　——検定制度　10
教科書法　10
教科担任制　158
救護施設　124,129
教職課程　175
矯正　81
行政学　4
協調性　72
共通理解　75
共同式(センター式)　32,36
共同調理場　55
恐怖症　78
「興味・関心」総合学習　168

グループ学習　69,167
芸術至上主義　6,
ケースワーカー　74
健康安全・体育的行事　48
健康診断書　115,117,119,121
原子爆弾被爆者　130
原子爆弾被爆者特別養護ホーム　130
研修　校内研修　98
原体験　104
更生施設　124
厚生省児童家庭局通知「在宅精神薄弱者デイサービス事業」　133
厚生省児童家庭局通知「心身障害児通園事業について」　133
厚生省社会局長通知「身体障害者居宅生活支援事業の実施等について」　133
厚生省社会・支援局長通知「地域福祉センターの設置運営について」　133
厚生大臣　128,131
抗体抗原反応　38
高度情報化社会　12
公民館　72
交流　132
交流給食　40
高齢化社会　19,21
高齢者　128,129,132
高齢者学校給食配食事業　37
国際化社会　12
告示　128
国民学校　6

国民学校令　7
国民実践要領　9
國民精神作興ニ關スル詔書　7
国立療養所　127
心の居場所　98
個人面接　113
個性　29
　　──教育　32
国家論　4
子ども支援センター　157
個別学習　69,167
個別指導　54,57
個別面接　71
コミュニケーション　107,156

さ行

罪悪感　80
在宅精神薄弱者デイサービスセンター　133
作業療法士　125,131
先割れスプーン　31
自学主義　6
自校式　32,37
自己管理能力　43
自己教育力　12
自己実現　70
自己の健康管理能力　45
自主性　68,98
肢体不自由児施設　124,129
市町村教育委員会　55
しつけ　23

指導計画　57
　　――要録　101,102
児童自立支援施設　124
児童生徒理解　67
児童相談所　74,77,100
児童中心主義　6
児童福祉法　124,126,128,129,133
児童・民生委員　74
児童養護施設　128
自発性　21
自発的学習　106
社会教育審議会答申　20
社会教育団体　72
社会福祉協議会　104,134
社会福祉士　131
社会福祉施設　107,109,110,111,116,
　　120,121,128,131,132
習慣化　42
重症心身障害児施設　124,129
集団食中毒　27
集団面接　113
授産施設　124
主体性　68,98
授与権者　126
准看護士　125,130
生涯学習　12,15,17
　　――社会　12,14
　　――審議会答申　13
小学校及び中学校の教諭の普通免許状
授与に係わる教育職員免許法の特例等
に関する法律　103,107,108,110,

122,123,127
少子化　14
少子高齢社会　165
情緒障害児短期治療施設　124,129
情報教育　167
食習慣　30,47
食物アレルギー　29,30,37,38
助産婦　125,130
自律神経失調症　80
人格教育　22
新学校給食の手引き　36
審議のまとめ　161
新教育運動　6
心身障害者福祉協会法　129
身体障害者　131
　　――更生施設　124,129
　　――授産施設　124,129
　　――デイサービス　126,129,133
　　――手帳　112,125,131
　　――福祉法　124,125,126,129,131
　　――療護施設　124,129
真の児童生徒理解　67
心理治療士　83
進路指導　69,98
進路選択能力　69,98
青少年地区対策委員会　72
精神障害者授産施設　129
　　――福祉工場　129
精神薄弱児施設　124,128
精神薄弱児通園施設　124,128
精神薄弱者　126,129

――更生施設　129
　　　――授産施設　129
成人病　30
精神病理学　80
ぜいたく病　29
成長体験　82
生徒指導担当教員　76
研究協議会　98
青年の家　73
総合演習　182
総合的な学習の時間　161-182
創造力　創造性　12,21
相談窓口　100
そばアレルギー訴訟　37

た行

第三の教育改革　11
代理的強化　23
たくましく　98
多文化社会　12
男女共同参画型社会　14,18,21
知事　127
地方教育行政の管理ならびに運営に関する法律　10
中央教育審議会　11
超高齢化社会　12
調理法　32
直観力　12
ティーム・ティーチング　37,69,147,158,167
適応教室　99

適応指導教室　66
特殊教育学校　119,132,134
特別活動（学級活動）　35,41
特別養護老人ホーム　124
独立学習　167
都市化　14
図書館教育　167
「トピックス」総合学習　168

な行

内分泌かく乱化学物質（環境ホルモン）　33
乳児院　128
ニューメディア　12
人間味のある温かい指導　98
年間指導計画　48

は行

バイキング式給食　40,44
博物館・美術館教育　167
発見学習　167
範例方式の授業　167
ビスフェノールA　33
日の丸　10
兵庫県教育委員会事務局教職員課　116,118
兵庫県社会福祉協議会福祉人材センター　116,118
ひょうごっ子ココロンカード　99
ひょうごっ子悩み相談　99
開かれた学校　71,98,148,154,155,157

広島県義務教育改革推進協議会　157
フォローアップ　100
福祉サービス　127,130
不登校 (登校拒否)　59-102
プログラム学習　167
文藝春秋　138
分離不安　78
米飯給食　28,31
保健士　130
保健室　63,77
　——登校　99
保健体育審議会答申　35
保健婦　125
保健婦助産婦看護法　125,130
保護者　101
母子生活支援施設　124
ボランティア　72
　——活動　19,156
ポリカーボネート　33

ま行

民本主義思想　6
盲ろうあ児施設　124
盲・聾・養護学校　109,111,112,120,
　　125,131,165
文部省　134,147,173
文部省基本調査　60
文部省初等中等教育局　59
文部省体育局通知「学校栄養職員の職務内容について」　53
文部省令　122,124,130

文部大臣　126,127,128,129,131,132

や行

有機肥料　32
ゆとりの時間　162
ユニセフ　35
養護教諭　38,42,54,69,76
養護老人ホーム　124,129

ら行

ランチルーム　40,44,46,49
理学療法士　125,131
リカレント教育　17
リカレント教育　生涯学習のための戦略　17
リザーブ給食　40
臨時教育会議　7
老人短期入所施設　124,129
老人ディサービスセンター　124,129
老人福祉法　126,129
老人保健施設　124

人物索引

あ行
天野文部大臣　9
伊藤真弓　178
尾木直樹　147

か行
河合剛英　167,169
加藤幸次　169
木幡寛　138
清瀬一郎文部大臣　10

さ行
佐々木光郎　145
シュタイン　4
ジョージ・スタッダード　7
鈴木三重吉　6
スピノザ　2
諏訪哲二　138

た行
田中真紀子　103
田中隆荘　157
辻正三　24

は行
久田恵　138
ポール・ラングラン　1,2
プラトン　4

ま行
松原仁　138
マルクス　5
三浦朱門　161

[著者略歴]

上 寺 常 和

1948年　広島県に生まれる
1975年　広島大学大学院教育学研究科修士課程修了
　　　　教育哲学専攻
2009年　兵庫県立大学大学院博士課程後期修了
現在　　姫路獨協大学教授
著書　　『生徒指導』(共著)、有信堂高文社、1972年
　　　　『教育原理』(共著)、コレール社、1990年
　　　　『道徳教育』(共著)、コレール社、1990年
　　　　『現代教育原理』(共著)、昭和堂、1990年
　　　　『教育メディア論』(共著)、コレール社、1991年
　　　　『教育の本質を学ぶ』(共著)、学術図書出版社、1992年
　　　　『教育のロゴスとエロース』(共著)、昭和堂、1995年
　　　　『デューイ教育学と民主主義の教育』、
　　　　　　　　　　　　　　　　　　日本教育研究センター、1995年
　　　　『デューイ教育学と現在・未来の教育』、
　　　　　　　　　　　　　　　　　　日本教育研究センター、1996年
　　　　『教育哲学のすすめ』(共著)、ミネルヴァ書房、2003年
　　　　『改訂 新たに成長し続ける学校と教育』、
　　　　　　　　　　　　　　　　　　日本教育研究センター、2010年

訳書　　『K.D.ベニィの社会的および教育的思想における権威の概念』
　　　　　　(州立イリノイ大学シカゴ校教授スティーブン・エリオット・トーザ著)、
　　　　　　　　　　　　　　　　　　日本教育研究センター、1998年

改訂 新たに成長し続ける学校と教育

2000年3月31日　初版発行
2013年3月31日　改訂版2刷発行

著者	上 寺 常 和
発行・発売元	㈱日本教育研究センター
	〒540-0026 大阪市中央区内本町2-3-8-1010
	06 (6937) 8000
印刷・製本	㈲サコン印刷

定価はカバーに表示してあります　　ISBN 978-4-89026-147-5